민심民心을 알아야 천심天心이 보인다

위대한 한국인,

암행어사 박문수

위대한 한국인,

암행어사
박문수

펴낸날 2022년 4월 27일

지은이 장승재
펴낸이 주계수 | **편집책임** 이슬기 | **꾸민이** 이화선

펴낸곳 밥북 | **출판등록** 제 2014-000085 호
주소 서울시 마포구 양화로 59 화승리버스텔 303호
전화 02-6925-0370 | **팩스** 02-6925-0380
홈페이지 www.bobbook.co.kr | **이메일** bobbook@hanmail.net

© 장승재, 2022.
ISBN 979-11-5858-867-0 (03190)

민심民心을 알아야 천심天心이 보인다

위대한 한국인,

암행어사
박문수

장승재

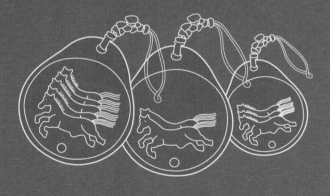

밥북
B·O·B·K

어릴 적만 해도 '암행어사' 하면 튀어나오는 연상어가 박문수였다. 다양한 이력의 소유자이지만 일반대중들에겐 특히 암행어사로 파견되었을 때의 인상이 강한 인물이다. 우리가 아는 암행어사 중 가장 유명한 사람은 박문수라고 생각한다.

600여 명의 암행어사 중 조광조, 이황, 체제공, 김정희 그리고 정약용 등이 조선 시대를 대표하는 암행어사 출신의 위인이다. 이 쟁쟁한 암행어사들을 제치고 박문수가 제일 유명한 이유와 매력은 무엇일까?

구전설화 1만 5천여 편 모아놓은 '한국구비문학대계' 인물 설화 중에서 박문수 선생이 가장 많은 210여 편 차지한다. 박문수와 관련된 많은 설화는 특정인 '박문수'만의 이야기가 아니라 도처에서 백성을 위해 암약하였던 수많은 '박문수들', 즉 정의의 심판자이자 희망의 전도사로 살아갔던 600여 명의 조선조 암행어사들의 공적을 기리는 민초들의 고귀한 선물인 셈이다. 백성들이 원하고 기다렸던 암행어사로, 원칙과 소신·강한 개혁의 의지로 백성들을 구하고자 했던 '행정의 달인'으로, 임금을 바른길로 인도할 줄 알았던 강직한 신하로, 시대를 뛰어넘어 오늘날에도 민중들의 희망으로 기억되고 있는 게 박문수다.

암행어사 박문수 선생은 대한민국의 역사적 인물 중에서 슈퍼스타이다. 그런데도 암행어사 박문수에 대한 현주소는 너무 참담하다. 역사 인물 박문수에 관한 본격적인 연구가 시도되지 않은 상태, 정치 관료로 보여준 치적에 비해 사후 박문수에 대한 평가가 이루어지지 않았으며 기념사업 등은 전무한 실정이다. 이 졸저는 조선 후기의 인물이지만 21세기 현재 기준으로 영성군 박문수 선생의 과거와 현재 그리고 미래를 짚어보고자 출간하게 됐다.

이 책은 다음과 같이 구성됐다. 1장 인간 박문수는 누구인가? 출생과 가계도 성장과 등과, 주변 인물과 정치활동, 박문수 인간적 매력, 2장 암행어사 박문수의 위민정치로 암행어사 박문수의 정신과 얼, 박문수의 위민사상, 암행어사 박문수 리더십에 대하여, 3장 암행어사 박문수의 문화스토리로 저자의 박문수 관련 기고문, 단행본, 논문, 인터뷰, 4장 암행어사 박문수의 문화 플랫폼으로 대중가요, 드라마, 영화, TV 다큐, TV 사극, 인터넷 방송 등, 5장 암행어사 박문수의 이모저모, 6장 암행어사 박문수 관련 현장 투어 프로그램 소개, 7장 암행어사 제도와 역대 암행어사 열전, 8장 암행어사 박문수 관련 단체인 암행어사박문수문화관과 암행어사박문수포럼 소개, 끝으로 '왜 암행어사 박문수인가?'로 마무리 하였다.

이 책이 나오기까지 각별히 신경 써 주신 염승연 위원장님, 차동영 인형, 이광섭 선배님, 이대홍 명예교수님, 최영찬 작가님, 윤시관 상임대표님, 김명웅 형님, 윤주학 장군님, 강석승 21세기안보전략연구원장님, 서정학 육군과학화전투훈련단장님, 교통관광 설동규 선배님, 수도사 주지 적문대사님께 진심으로 감사드린다.

끝으로 민심(民心)을 알아야 천심(天心)이 보인다. 글귀를 되새겨 본다.

2022.4.
평택 진위 암행어사박문수문화관 연구실에서
장승재

영성군 박문수 초상화

1장

인간 박문수는 누구인가?

출생과 성장 및 가계도

1. 출생과 성장

박문수는 진위현(鄕校洞) 현재 경기도 평택시 진위면 봉남3길(아곡마을) 외가에서 1691년 9월 8일(숙종 17년) 청빈한 선비 박항한(朴恒漢, 1666~1698년)과 어머니 경주이씨의 차남으로 태어났다. 박문수는 친가보다 오히려 외가인 경주이씨 집안의 절대적인 영향을 받고 자랐다. 전적으로 외가인 경주이씨 가문의 경제적인 도움을 받으며 자라게 되었고 교육상으로도 많은 영향을 받았다.

박문수가 태어난 진위는 평택에서 제일 높은 무봉산과 역사적인 유서가 있는 진위천 사이에 있어 평택지역의 혼이 살아있는 곳이다. 박문수는 아곡마을의 정기를 받고 태어난 셈이다.

다섯 살 되던 해 숙종 21(1695)년에 처음으로 어머니를 따라서 서울로 주거를 옮기고 얼마되지 않아서 조부 박선(朴銑)이, 다음해 백부 박태한

(朴泰漢)이 그 이듬해 1698년 11월에는 부친 박항한(朴恒漢)마저 떠나게 됨으로써, 어린 시절부터 어려운 생활이 시작돼 박문수의 삶은 순탄치 못했다. 어머니 경주이씨는 가족을 이끌고 소의문(昭義門, 현 서소문) 내 증조부 박장원의 고택으로 주거를 옮겼다. 그곳에서 살던 중 부친마저 별세하자 어머니 경주이씨는 자녀를 이끌고 친가인 용산에서 우거하였다. 박문수는 어머니 경주이씨의 헌신적인 자식 사랑으로 불굴의 의지와 독립성을 함양하게 되었다.

외가에 가서 외삼촌 이태좌(李台佐, 후에 좌의정)의 지도로 외사촌 동생 이종성(李宗城 후에 영의정)함께 공부하였고 이 두 사람은 두터운 우의(友誼)와 지기(知己)로서의 동반자 관계를 형성하였다. 허나 어쩔 수 없는 자연스러운 경쟁과 갈등은 그에게 강렬한 자의식과 함께 성취욕과 승부욕을 불러일으켰다.

다음은 박문수의 성장 과정에 관한 널리 알려진 일화의 한 대목이다.

영성군(靈城君) 충헌공(忠憲公) 박문수는 오천(梧川) 문충공(文忠公) 이종성과 더불어 내외형제가 되며, 외숙인 아곡(鵝谷) 충정공(忠定公) 이태좌에게 함께 수학하였다. 일찍이 병풍 뒤에서 서로 다투어 따지고 있기에 아곡이 가만히 들어보니 서로 문벌을 비교하는 중이었다. 오천이 "너희 집안에 구천(龜川) 이세필 선생 같은 분이 있는가?" 하니, 영성이 "우리 증조할아버지 구당공(久堂公) 박장원(朴長遠)이 계시다" 하였다. 이에 오천이 "백사(白沙) 선생 같은 분이 있는가?" 하니 영성 "이는 내가 그렇게 될 것이다"고 답하였다. 이에 야곡은 영성의 머리를 쓰다듬으며 칭찬하기를, "너는 반드시 백사의 사업을 할 것이다" 하였다.

박문수는 성장 과정에서 자신의 집안에 대한 강한 자부심을 가지고 있었다. 특히 증조부 박장원의 존재를 분명히 인식하고 실천적이고 민생에 깊은 관심을 두었던 가학의 전통이 박문수의 인격 형성에 토대가 되었을 것이다.

소론 명문가인 고령박씨 집안에서 태어난 박문수는 일찍부터 재주가 뛰어나고 총명한 아이로 이름깨나 날렸다. 이렇게 어머니의 영향과 외가의 보호 밑에서 성장한 박문수는 16세인 숙종 32(1706)년에 상주목사 김도협(金道浹)의 딸 청풍김씨를 처로 맞이했다.

2. 가계도

박문수는 고령(高靈)박씨로 자는 성보(成甫), 호는 기은(耆隱), 시호는 충헌(忠憲)이며 이조판서 박장원(朴長遠, 1612~1671년)의 증손이며, 영은군(靈恩君) 항한(恒漢, 1666~1698년)의 아들이다. 어머니는 경주이씨로 영의정을 지낸 백사(白沙) 이항복(李恒福)의 고손녀(高孫女)이며, 아버지는 공조참판 이세필(李世弼)이다. 부인은 청풍김씨(淸風金氏)로서 경기도 남양주 삼패리(현 삼패동) 평구마을 유택이 있는 영의정을 지낸 잠곡(潛谷) 김육(金堉)의 고손녀이며, 청풍부원군 김우명(金佑明)의 증손녀이니 이분의 따님은 현종비(顯宗妃)이신 명성왕후(明成王后)이고, 숙종

임금의 외할아버지가 된다. 장인은 상주목사를 지낸 김도협(金道浹)이니
외가를 보나 처가를 보나 당대 최고 명문가로 꼽힌다.

● 가족관계

  1) 친가(고령박씨)

    – 증조부 구당 박장원(1612~1671): 현종 때 이조판서

    – 조부 지관재 박선(1639~1696): 김제군수

    – 부친 도상 박항한(1666~1698): 학자

    – 어머니 경주이씨(1665~1735): 이세필 딸

  2) 외가(경주이씨)

    – 현조부 백사 이항복(1556~1618): 영의정

    – 조부 구암 이세필(1642~1718): 공조참판

    – 외삼촌 아곡 이태좌(1660~1739): 좌의정

    – 외종제 오천 이종성(1692~1759): 암행어사, 영의정

  3) 처가
  〈정실〉 (청풍김씨)

    – 고조부 잠곡 김육(1580~1658): 대동법 시행 주역

    – 증조부 이정 김우명(1619~1675): 청풍부원군

    – 처조부 정희 김석달(1657~1687): 한성부 판관

- 장인 김도협(1673~1728): 상주목사
- 부인 김씨 부인(1690~1762)
〈부실〉(영산신씨)

4) 가족관계
- 정실: 청풍김씨
- 부실: 영산신씨
- 아들: 구영, 향영, 만영
- 손자: 신규, 충규, 용규, 승규

1728년 3월 소론의 거두였던 김일경(金一鏡)의 잔당인 이인좌(李麟佐) 등이 효종(孝宗)의 증손인 밀풍군(密豊君) 탄(坦)을 왕으로 추대하여 세도를 얻고자 무신란(戊申亂)을 일으켜 청주성(淸州城)을 점령하고 승리를 거듭하여 한양으로 북상 중이었다.

영조는 긴박하게 대응하니 도순무사에 오명항(吳命恒, 1673~1728), 박문수를 종사관으로 하여 안성까지 올라온 반란군을 3월 24일 완전 소탕하여 분무공신(奮武功臣) 2등에 책록되고, 영성군(靈城君)에 봉해졌다.

1742년 함경도 진휼사로 나갔는데 진휼사의 임무는 흉년으로 기아에 어려움을 겪고 있는 백성들을 도와주고 해결하여 주는 직책인바 이때 경상도의 곡식 1만 섬을 실어다 기민하였다. 함경도 백성들은 송덕비를 세워 주기도 하였다.

　같은 해 영안에 이어 충청도 암행어사로 나가 기아에 허덕이는 백성을 구제하는 데 힘을 기울이니 만백성이 어사 박문수를 칭송하였다. 그 후 병조, 호조, 예조판서를 거쳐 1752년 왕세손이 죽자 책임추궁을 당하여 제주도로 유배 후 다음 해 우참찬에 올랐다.

박문수와 주변 인물 관계도

외가(慶州李氏)	영조 대왕	친가(高靈朴氏)
- 백사 이항복 - 이세필, 이태좌, 이광좌, 　이종성 등		- 박장원 - 박선, 박태한. 박항한
당파(少論)	암행어사 영성군 박문수 (朴文秀)	사사, 修學 - 이태좌, 이광좌, 최창대 등
- 윤증: 소론의 영수 - 류봉휘, 박세당, 조태구, 　최석항 등		
처가(淸風金氏)		기타
- 잠곡 김육 　: 대동법시행기념비 - 김우명, 김석연, 　김석달, 김도협		- 어머니/엄마형 리더십 - 진위현 땅 정기(배산임수) 받음 　(무봉산/진위천)

박문수의 정치 및 정신적 기반은 우선 영조 대왕의 박문수에 대한 절대적인 신임 충신, 세제시 스승, 3살 아래 둘째는 외가인 경주이씨(외조부 이세필, 외삼촌 이태좌, 외종제 이종성, 이광좌) 셋째는 친가인 고령 박씨로 박장원(고령박씨 집안 어른, 증조부) 마지막으로 당파인 소론(정치적인 기반/이광좌, 최창대 사사, 백부, 부친의 스승 윤증이다.

1. 주변 인물

1) 친가(高靈朴氏)

- 박장원(朴長遠, 1612~1671) 박문수의 증조부

조선 중기 광해군(光海君)4년부터 현종 12년 때 인물로 자가 중구(仲久), 호는 구당(久堂) 시호는 문효(文孝)이다. 인조(仁祖) 14년, 1636년 별시문과(別試文科)에 을과로 급제하여 강원도 관찰사(觀察使) 대사간(大司諫), 대사헌(大司憲) 공조, 형조 예조 이조판서 등을 지내고 한성부판윤(漢城府判尹), 우참찬, 홍문관, 예문관, 양관제학(兩館提學) 등을 역임하였으며 학덕과 효행으로 명성이 높았다. 자원하여 개성부 유수(留守)로 자원해 부임하여 재직하던 중에 죽었다. 증대광보국숭록대부 의정부영의정(贈 大匡輔國 崇祿大夫 議政府領議政)에 추서(追敍)되었다. 저서로는 『구당집(久堂集)』 전 24권이 규장각 장서에 보관돼 있다. 박문수는 집안 어른으로 증조부 박장원을 제일 존경했다고 알려졌다.

- 박태한(朴泰漢, 1664~1698) 박문수의 백부

현종(顯宗)5년부터 숙종(肅宗) 23년 때 인물로 박문수의 백부이며 자는 교백(喬伯)으로 명재 윤증(明齋 尹拯)의 문인이다. 할아버지는 이조판서 박장원(朴長遠)이고, 아버지는 군수 박선(朴銑)이다. 숙종 20년 1694년 별시문과(別試文科) 을과로 급제, 승문원정자(承文院正字)를 역임하였다. 숙종 23년(1697)34세로 요절하여 큰 빛은 못 보았으나 당파(黨派)에 휩쓸리지 않고 언론이 준정(浚井)하여 문명(文名)이 높았다. 저서로는 『박정자유고(朴正字遺稿)』15권이 규장각 장서에 보관돼 있다.

- 박항한(朴恒漢, 1666~1698) 박문수 부친

현종(顯宗) 7년부터 숙종(肅宗) 24년 때 인물로 자는 도상(道常)이고 박장원의 손자이자 조선 후기의 학자로 병조판서를 지낸 박문수(朴文秀)의 부친이다. 명재 윤증(明齋 尹拯)의 문인으로 학문에 전념하였으나 숙종 24년(1698) 33세로 요절하는 바람에 관직에 나가지는 못하였으나 학행으로 일세의 추앙을 받았다. 영은군(靈恩君)으로 추봉(追封)되고 숭정대부 의정부좌찬성 세자이사 겸 오위도총부 도총관(崇政大夫 議政府左贊成 世子貳師 五衛都摠府 都摠管)으로 추증되었다. 저서로는 『박영은유고(朴靈恩遺稿)』1권이 규장각 장서에 보관돼 있다.

2) 외가(慶州李氏)

박문수가 태어난 진위 봉남3리는 외삼촌의 호를 따서 아곡마을로 불리고 있으며 공조참판을 지낸 외조부 이세필의 묘가 있다. 인근 동천리에는 경주이씨 상서공파의 선산이 있다.

- 이항복(李恒福, 1556~1618) 외현조(外玄祖)

이항복은 자는 자상, 호는 백사 시호는 문충으로 오성부원군(鰲城府院君)에 봉군되어 백사보다는 오성대감으로 널리 알려졌다. 권율장군의 사위로 알성문과(謁聖文科) 병과 급제 예조정랑 당시 문사랑청(問事郞廳)으로 역모사건 친국에 참여하였고 임진왜란 시 왕비와 두왕자를 호위하였다. 이조판서, 양관대제학, 병조판서(兵曹判書) 5회, 도원수, 영의정 등 여러 요직을 역임하였다. 호성공신(扈聖功臣) 1등, 청백리에 녹선됐다. 죽마고우인 한음 이덕형(李德馨)과의 기지와 작희(作戱)에 얽힌 많은 이야기로 더욱 잘 알려진 인물이다.

저서로는 『사례훈몽(四禮訓蒙)』 1권과 『주소계의(奏疏啓議)』 각 2권, 『노사영언(魯史零言)』 15권 등이 있다.

- 이세필(李世弼, 1642~1718) 박문수의 외조부

평택 진위면 출신으로 자는 군보(君輔), 호는 구천(龜川), 시호는 문경(文敬)이다. 영의정 이항복(李恒福)의 증손으로 송시열(宋時烈), 박세채(朴世采)의 문인이다. 직책으로 형조좌랑, 한성부우윤, 공조참판, 형조참판 등을 역임했고 추증(追贈)으로 좌찬성(左贊成)이다.

저서로는 『논변경설』, 『답문의체』, 『악원고사』, 『소주서』, 『동호예설』 등이 있다.

- 이태좌(李台佐, 1660~1739) 박문수의 외숙(外叔)

박문수의 큰 외삼촌으로 자는 국언(國彦), 호는 아곡(鵝谷), 시호는 충정(忠定)이다. 1699년 정시문과(庭試文科) 병과로 급제하였다. 영의정 이항복(李恒福)의 현손으로 형조참판 이세필(李世弼)의 아들이며, 영의정 이광좌(李光佐)의 재종형이다. 직책으로 암행어사, 호조, 이조, 병조판서(兵曹判書)를 역임했고 강화유수, 좌의정, 봉조하(奉朝賀) 등을 지냈다.

한편 박문수가 태어난 진위면 봉남3리는 아곡마을로 전해지고 있는데 유래는 이태좌의 호를 따온 것으로 알려졌다.

- 이종성(李宗城, 1692~1759) 박문수의 외종제(外從第)

이종성(李宗城)은 암행어사 박문수의 이종사촌 동생으로 숙종 18년(1692) 장단군 군내면 읍내리에서 좌의정 이태좌(李台佐)의 아들로 태어났다. 자는 자고(子固)이며 호는 오천(梧), 시호는 효강(孝剛)이다. 영조 3년(1727)년 증광문과(增廣文科) 병과로 급제하여 암행어사, 이조, 예조, 형조판서를 역임했고 개성부 유수, 영의정(領議政)을 지냈다. 오천대감으로 널리 알려져 있으며 저서로는『오천집(梧川集)』이 있다.

- 이광좌(李光佐, 1674~1740) 박문수의 외가 어른

평택 진위에서 출생하고 성장했다. 자는 상보(尙輔), 호는 운곡(雲谷), 시호는 문충공(文忠公)이다. 오성부원군 이항복(李恒福)의 고손이며, 1694년(숙종 29) 별시문과에 장원으로 급제 이후 부수찬, 전라도, 관찰사, 이조참의, 병조판서를 지냈다.

또한 이광좌는 제157대(1724.10.~1725.2.), 제159대(1727.7~1729.5.), 제164대(1737.8.~1740.5.) 세 번에 걸쳐 영의정이 됐고 저서로는 『운곡실기雲谷實記』가 있다.

3) 처가(淸風金氏)

- 김육(金堉, 1580~1658) 처고조(妻高祖)

자는 백후(白厚), 호는 잠곡(潛谷), 회정당(晦靜堂)으로 시호는 문정(文貞)이다. 1624년(인조 2) 증광문과(增廣文科) 갑(甲)에 장원급제하였고 동지사(冬至使). 충청도 관찰사, 한성부 우윤, 소현세자의 보양관으로 심양에 수행하였고 1649년 대사헌을 거쳐 우의정에 임명됐고, 1652년(효종3) 좌의정에 1655년(효종 6) 76세의 나이로 영의정에 올랐다. 관직에 있는 동안 줄곧 대동법(大同法) 시행을 통해 민생을 안정시킬 것을 주장하였다.

한편 경기도 유형문화재 제40호 김육 선생의 대동법시행기념비가 평택시 소사동에 세워져 있다. 주요업적은 실학의 선구자로 시헌역법(時憲曆法)의 시행, 수레 제작사용 권장, 관개용 수차의 사용 장려, '상평통보'의 주조 등이다.

- 김우명(金佑明, 1619~1675) 처증조(妻曾祖)

아버지가 김육(金堉)이며, 자는 이정(以定). 시호는 충익(忠翼)이다. 현종의 왕비인 명성왕후의 아버지이다. 현종의 국구(國舅)로서 청풍부원군(淸風府院君)에 봉작되었고 1616년 영돈녕부사(領敦寧府事)를 역임했다.

- 김석연(金錫衍, 1648~1723) 처조부(妻祖父)

자는 여백(汝伯)이고 시호는 정희(貞僖)이다. 아버지는 영돈녕부사 (領敦寧府事) 김우명(金佑明)이며, 현종비(妃) 명성왕후(明聖王后)의 동생이다. 한성부우윤, 강화유수, 어영대장, 형조판서를 역임하였고 숭록대부(崇祿大夫)에 추증(追贈)되었다.

- 김도협(金道浹, 1673~1728) 박문수의 장인(聘父)

김석연이 생부이며 김석달의 계자로 들어가 가계를 이었고 김도협의 장녀가 박문수 선생의 부인 청풍김씨이다. 즉 김도협은 박문수의 장인 으로 상주목사(尙州牧使)를 지냈다.

- 청풍김씨(淸風金氏, 1690~1762) 박문수의 부인(配位)

상주목사를 지낸 김도협의 장녀가 박문수 선생의 부인으로 정경부 인(貞敬夫人)이다

2. 박문수 어머니 경주이씨(慶州李氏, 1665~1735)

박문수 어머니는 한성부 우윤을 지낸 경주이씨 구천(龜川) 이세필(李

世弼, 1642~1718) 딸이다. 3년 사이에 조부와 백부 및 아버지를 졸지에 여원 상태에서 특히 여덟 살 때 박문수의 부친이 요절함에 따라 어머니 경주이씨는 가문을 이끌어가는 중추적인 역할을 했다.

대전 유성구 복룡동 박산에 소재한 묘지문에는 경주이씨는 이 어려운 상황을 의연하게 대처하여 스스로의 힘으로 문중의 길쌈 일을 해서 끼니를 마련하고 손수 회초리를 들고 아들을 공부시켰다고 전한다(주로 외숙 이태좌의 밑에서 수학했다 한다).

박문수의 어머니 경주이씨의 성정은 타고난 자품은 크고 활달하며 식견과 도량은 원대하고 비범해서 옛날 대인거공(大人鉅公)같다고 한다. 가난한 형편에도 불구하고 어머니는 늘 자신보다 어려운 이들을 돌보며 살았고 이것이 어린 박문수 인생의 가장 큰 가르침이 되었다. 박문수는 이러한 분위기와 가풍에서 성장하여 교양과 정신자세를 갖추었고 역경을 헤쳐 나아가며 자랑스러운 가계를 형성하게 되는 절대적인 힘이 되었다.

박문수와 영조의
운명적인 만남

1. 등과

박문수는 1723년(경종 3년) 증광문과(增廣文科)에 병과(丙科)로 33명
의 합격자 중 26등으로 급제했다. 외숙 이태좌(李台佐)에 이어 최창대(崔
昌大)에 사사한지 4년만이다.

과거를 보러가는 길에 객사 또는 칠장사 나한전에 잠이 들었을 때 꿈
에 선인(仙人)이 나타나서 시제(詩題)를 말해주고 시(詩)의 마지막 행만
말하지 않았다는 설화가 전해지고 있다.

아울러 박문수의 급제한 시문 낙조(落照)는 다음과 같다.

급제 시문 낙조(落照)

落照吐紅掛碧山(낙조토홍괘벽산)

지는 해는 푸른 산에 걸려 붉은 해를 토하고

寒鴉尺盡白雲間(한아척진백운간)

찬 하늘에 가마귀가 흰 구름 사이로 사라진다

問津行客鞭應急(문진행객편응급)

나루를 묻는 길손의 채찍질 급하고

尋寺歸僧杖不閑(심사귀승장불한)

절 찾아 가는 스님의 지팡이도 바쁘다

放牧園中牛帶影(방목원중우대영)

뒷동산 풀어 놓은 소 그림자 길기만 하고,

望夫臺上妾低鬟(망부대상첩저환)

망부대 위로 아낙네 쪽(머리) 그림자 나지막하다

蒼煙古木溪南路(창연고목계남로)

오래되어 옛스러운 고목들이 줄지어 선 남쪽 냇길에

短髮樵童弄笛還(단발초동농적환)

짧은 머리 초동이 피리 불며 돌아온다

2. 영조대왕

숙종의 둘째아들로 당시 경종 이복세제였던 연잉군은 경종(景宗)의 승하(僧下)로 노·소론(老·少論)의 다툼으로 정치적으로도 매우 불안정하고 상황에서 복잡하고 험난한 과정을 거쳐 조선시대 21대 국왕으로 즉위하였다. 영조는 비천한 신분의 무수리의 아들로 출생한 열등의식 속에서 궐 밖에서 10여년 이상을 살아 백성들의 삶을 가까이 지켜볼 수 있었기에 누구보다 백성을 삶을 살피려했던 임금이었다. 영조(英祖)는 52년간 왕위(王位)에 있으면서 83세까지 살았고 그에게는 어쩔 수 없었던 선택이었을 수도 있지만 사도세자의 변을 겪어야하는 아픔도 있었다. 박문수가 암행어사 대명사로 자리 잡게 된 과정에는 비록 임금과 신하의 군신관계였으나 서로를 믿고 신뢰하는 영조의 절대적인 사랑과 역할이 컸다.

3. 영조와 박문수의 만남

영조와 박문수의 첫 만남은 1724(경종 4년/34세) 세제시강원(世弟侍講院) 설서(設書) 임명됨으로써 영조와 인연이 된다. 왕자와 조신(朝臣)의 관계이었으나 한편으로는 당시 세제인 연잉군(後에 英祖)보다 박문수는 세살이 위인 연령으로 나이가 비슷한 제자와 선생의 신분이었다고 할 수 있다. 두 사람의 인연은 이때 깊게 맺어져서 훗날 임금과 신하로서의 명콤비가 이루어지게 된 것이다. 그 당시 연잉군(延礽君)으로써 세제의 신분이었던 영조(英祖)는 박문수와 만나던 해 8월에 왕위에 오르게 됨으로써 두 사람은 임금과 측신(側臣)의 사이로 발전하게 되면서 영조와의 지우(知友)는 이때부터 일생동안 평생 동지로 계속되었다.

4. 영조와 박문수의 관계

박문수의 처가 청풍김씨(淸風金氏)쪽으로 볼 때 영조(英祖)는 남이 아니었다. 처증조(妻曾祖) 김우명(金佑明)의 따님이 바로 영조의 할머니가 되는 현종비(顯宗妃) 명성왕후(明聖王后)였기 때문이다. 박문수의 부인(配位) 청풍김씨의 친정대고모의 손자가 영조(英祖)가 되는 셈이다.

박문수와 영조는 자의식과 투지가 맞물려서 서로를 이해하고 마음속으로 헤아리는 깊은 우정과 가치관을 공유하게 됨으로써 영조 즉위 후 30년 동안 왕과 신하로서 국정을 다루게 된다. 영조가 된 연잉군(延礽君)은 박문수에 대한 노론(老論)의 지속적인 배척에도 박문수를 보호하면서 평생 가까이 두고 자신을 보좌하게 했다.

재위 내내 경종독살설로 역모의 공격을 받았던 영조는 1728년(영조4) 이인좌난 진압에 따른 분무공신 2등에 책록되어 영성군에 봉해졌다. 영조가 세자 시절부터 보필했던 것도 크게 작용했다. 정조에게 정약용이 있었던 것처럼 영조의 개혁 정책의 중심에는 박문수가 있었다.

무신년 역모 진압에 앞장섰던 박문수를 당색을 떠나 탕평책의 일환으로 그를 측근으로 기용한다. 영조와 박문수 관계는 군신관계를 뛰어넘은 지기지우(知己之友)로 영조는 박문수를 전폭적으로 신뢰하고 지지하는 후견인이고 박문수는 영조의 스승이며 소울메이트였다.

5. 박문수에 대한 영조의 사랑

영조는 박문수의 꾸밈없는 진솔함과 소박한 언행에서 큰 매력을 느꼈던 것으로 보인다. 세 살 차이의 영조와 박문수의 사이는 일반적인 군신 신분을 떠나 인간관계에 있어 마지막까지 기댈 수 있는 지기지우의 성격이 짙은데 그 예는 다음과 같다.

첫 번째, 1756년(영조 32년) 4월 박문수가 세상을 떠났을 때 영조의 박문수에 대한 애틋하고 그리운 마음을 표현한 논평을 보면, "아! 靈城(영성, 박문수 시호)이 춘방(春坊)에 있을 때부터 나를 섬긴 것이 이제 이미 33년이다. 나의 마음을 아는 사람은 영성이며 영성의 마음을 아는 사람은 나(英祖)였다. 자고로 군신 중에 비록 제우(際遇)한 경우가 있기는 하지만 우리 두 사람만한 관계가 있으랴? 그리고 그가 언제나 나라를 위하는 충성이 깊었음을 나는 알고 있다. 아! 영성이 이미 갔으니 그 누가 나의 마음을 알 것인가?"라고 말했다.

두 번째, 박문수에 대한 사랑은 영조가 말한 손자인 정조의 산문집인 『홍제전서(弘濟全書)』 21권에 "잠잘 때 외에는 경(朴文秀)을 생각한다"라고 기록되어 있다.

세 번째, 1737년(영조 13년) 윤 9월 5일에 영조가 박문수와 국정을 이야기하는 와중에 "세상 사람들이 박문수를 미쳤다고 평가해도 자신은 박문수를 신뢰하고 있다"는 뜻을 내비쳤다고 한다.

6. 박문수의 관직생활

박문수는 1723년(경종 3년) 증광문과에 병과로 급제하여 예문관 검열에 발탁되고 그 뒤 세자시강원설서, 병조정랑이 되었으나 1924년(영조 즉위년) 노론이 집권하면서 삭탈되었다가 1727년 7월(丁未換局)에 소론이 집권할 때 사서로 등용되었다. 당시 조선 사회는 영남과 호남의 심각한 기근으로 인해 백성들이 흩어지고 인심이 흉흉해지는 등 위기상황에 직면해 있었다. 이에 좌의정 조태억(趙泰億)의 천거와 판윤 김동필(金東弼)의 지지를 바탕으로 사헌부 지평(持平)으로 재임 중이던 박문수가 영남별견어사(嶺南別遣御使)로 선발되어 파견되니 박문수가 훑고 지나간 곳(영남지방)은 부정과 비리가 발본색원되고 산천초목이 떠는 지라 이때 얻은 별칭이 암행어사 박문수로 통하였다. 비록 정승은 역임하지 못했으나 영조의 절대적인 신임 하에 고속 승진하였다.

- 1723년(경종 3년) 33세에 「낙조(落照)」라는 시조 중광문과에 급제
- 1724년 1월 세자시강원 설서 임명됨/영조와 인연
- 1728년(영조 4년)이인좌난 진압/분무공신 2등에 책록(영성군에 봉해짐)
- 1730년 대사간, 예조참판, 대사성, 도승지 등
- 판서직(병조판서, 형조판서 각각 2회, 호조판서, 예조판서)
- 관찰사 등(경상도 관찰사, 함경도 관찰사, 황해도 수군절도사, 경기도 관찰사, 한성판윤)
- 어사 활동 및 왕명 파견(1727년 영남안집어사, 1731년 영남감진어사, 1741년 북도 진휼사, 1750년 관동영남균세사)

7. 영조에 대한 박문수의 충성심

영조는 일찍부터 박문수의 인간성과 능력에 호감을 가졌고 박문수의 까칠하고 비타협적인 성품으로 정적들의 정치적 공격에 시달렸지만 그를 지지해 준 영조를 위해 평생 충실히 일했다. 영조는 출생에서 오는 열등의식이 있었으나 영명한 군주였고 바로 옆에 마음을 주고받을 수 있는 박문수가 있어서 영조에게는 큰 힘이 되었다. 영조는 노론(老論)의 견제 속에서 묵묵히 박문수를 보호하며 중용하였으며 박문수도 억울한 삭직(削職)과 때로는 좌천(左遷)을 당하면서도 영조(英祖)에 대한 충성심을 저버리지 않았다.

8. 이인좌(李麟佐) 무신란과 영조 그리고 박문수

무신란은 임인옥사와 연결되어 있는데 영조의 이복형 선왕 경종이 즉위 4년 만에 승하하자 경종이 노론에 독살되었다는 설이 광범위하게 퍼져 나갔다. 당시 박문수는 소론이고 영조는 노론으로 경종을 독살하려 했다는 노론의 수괴로 알려진 상황이었다.

1728년 3월 소론의 거두였던 김일경(金一鏡)의 잔당인 이인좌(李麟佐) 등이 효종(孝宗)의 증손인 밀풍군(密豐君) 탄(坦)을 왕으로 추대하여 세도를 얻고자 무신란(戊申亂)을 일으켜 청주성(淸州城)을 점령하고 승리를 거듭하여 한양으로 북상 중이었다.

영조는 긴박하게 대응하니 도순무사에 오명항(吳命恒, 1673~1728), 박문수를 종사관으로 하여 안성까지 올라온 반란군을 3월 24일 완전 소탕하였다. 이인좌 난을 평정한 공적으로 박문수는 분무공신(奮武功臣) 2등에 책록되고, 영성군(靈城君)에 봉해졌다.

박문수는 소론 출신임에도 이인좌의 난을 평정하는데 큰 몫을 해내, 영조의 신임이 두터웠고 왕위에 있는 동안 박문수의 가장 큰 후원자였다. 즉 '이인좌의 난'은 박문수가 영조의 인간적인 신뢰를 받고 정치적으로 고속승진과 승승장구하는 결정적 계기가 되었다.

9. 당파와 정치이념 및 관계인물

박문수는 조선 후기의 당색으로 분류하자면 학맥(學脈)과 혈연(血緣)으로 보아 정확하게 소론(小論)의 계보에 든다. 가정적인 교육은 외삼촌 이태좌이지만 정치적인 사부는 외삼촌의 육촌동생인 이광좌이다. 평소 당파에 휩쓸리지 않아 이광좌(李光佐), 최창대(崔昌大) 등은 박문수의 백부인 박태한을 선배로 존경하였다. 당시 소론의 주도적인 성씨로 고령박씨, 경주이씨, 파평윤씨, 양주조씨, 전주최씨 등이 대표적이었다.

1) 당 파벌 소론

- 친가(高靈朴氏)

고령박씨는 숙종 연간 서인이 노론과 소론으로 분당될 때부터 소론

계열로 활동하였다. 큰아버지인 박태한(朴泰漢)과 아버지 박항한(朴恒漢) 등이 소론 영수인 명재 윤증(尹拯)의 문하에서 수업한 것도 하나의 계기였다. 박문수는 1723년(경종 3) 증광문과에 급제한 뒤 예문관검열을 시작으로 영조 대에는 대사간, 도승지, 영남감사, 경기감사, 예조판서 등을 역임하면서 소론을 이끌었다.

- 외가(慶州李氏)

경주이씨 백사공파는 소론(小論)의 중심가문이었다. 악역을 맡은 이항복의 현손 이광좌 덕에 소론과 경주이씨 집안은 명맥을 유지할 수 있었다. 그리고 이 때 남겨진 명맥으로 이회영 형제들이 일제강점기 만주 무장투쟁을 전개할 수 있었다. 이광좌는 소론의 영수로 경종 때 소론정권, 영조 초 소론정권을 이끌었다. 조선의 선비들이 가장 영예롭게 여기는 홍문관 대제학을 3번이나 지냈으며, 영의정에도 3번이나 올랐다.

이세필은 진위면 아곡마을로 낙향하면서 무봉산 일대에 큰 세력을 형성하였다. 암행어사로도 유명한 박문수의 외조부이기도 한 이세필은 이태좌, 이정좌, 이형좌를 낳았다. 이 가운데 이태좌는 6촌 이광좌와 함께 영조 초기 좌의정에 올라 소론정권을 이끌었다. 이태좌의 큰아들은 영의정을 지낸 이종성이다. 이종성의 현손 이유승은 고종 때 판서와 우찬성을 지냈고, 그의 아들 6형제가 신흥무관학교를 세운 이회영과 6형제다.

2) 관계인물

윤증(尹拯, 1629~1714)은 본관이 파평(坡平). 서인이 노론과 소론으로 분리될 때 소론의 영수로 추대되어 송시열(宋時烈)과 대립하였다. 저서로는 『명재유고(明齋遺稿)』, 『명재의례문답(明齋疑禮問答)』, 『명재유서(明齋遺書)』 등이 있다. 박세당(朴世堂, 1629년~1703)은 본관이 반남(潘南)으로 1660년(현종 1년)에 증광 문과에 장원해 성균관전적에 제수되었고, 그 뒤 예조좌랑·병조좌랑·정언·병조정랑·지평·홍문관교리 겸 경연시독관·함경북도 병마평사(兵馬評事) 등 내·외직을 역임하였다. 1664년 부수찬으로 황해도 암행어사로 나갔다.

- 최창대(崔昌大, 1669~1720) 박문수의 스승

본관은 전주, 자는 효백(孝伯), 호는 곤륜(昆侖)이다. 박문수는 28세에 늦게나마 서인계열의 당대 석학 곤륜 최창대에 가서 '맹자'를 공부하게 됨으로써 사제지간으로 인연이 깊다. 최창대는 지천 영의정 최명길(崔鳴吉)의 증손으로 영의정 최석정(崔錫鼎)의 아들이며, 모친은 경주이씨(慶州李氏)이다. 1694년 별시문과(別試文科)에 병과로 급제하였고 1698년 암행어사(暗行御史)가 되었다. 글씨에도 능하여 『곤륜집(昆侖集)』 20권이 전하여지고 있다.

3) 정치적 후견인 및 동반자

경주이씨 외삼촌 이태좌, 외가어른 이광좌 외에도 다음과 같은 인물이 힘이 되어 주었다.

오명항(吳命恒, 1673~1728)은 이광좌, 박문수와 함께 영조 재위 초기 소론 대신으로 이인좌의 난이 터지자 소론의 난은 소론이 진압하라는 영조의 명으로 토벌 총책임자인 순무사에 임명, 종사관 박문수와 함께 공을 세운다. 공을 세워 부원군에 봉해졌다.

좌의정 조태억(趙泰億, 1675~1728)은 자는 대년(大年), 호는 겸재(謙齋)·태록당(胎祿堂)이며 본관은 양주(楊州)이다. 시호는 문충(文忠)이다. 처음으로 박문수를 어사로 추천한 사람이다. '삼사 중 주통기력한 자로 박문수만 한 사람이 없다'고 어사로 추천하니 37세인 1727년(영조 3년) 10월 안집어사로 처음 박문수를 영남지방에 출두하였다.

좌의정 송인명(宋寅明, 1689~1746) 은 본관은 여산(礪山), 자는 성빈(聖賓), 호는 장밀헌(藏密軒)으로 박문수를 병조판서로 추천한 사람이다. 1719년(숙종 45) 증광문과에 을과로 급제, 예문관검열(藝文館檢閱)을 거쳐 세자시강원설서(世子侍講院說書)로 있을 때 당시 세제로 있던 영조의 총애를 받아, 1724년 영조가 즉위하자 충청도관찰사로 기용되었다가 이듬해 동부승지가 되어 붕당의 금지를 건의하여 영조의 탕평책에 적극 협조하였다.

이광덕(李匡德, 1690~1748)은 1722년(경종 2년)에 을과(과거성적 1등급)로 급제해 1727년(영조 3년)에 호남에 특별히 내보내는 암행어사로 파견되었다가 돌아와 이조좌랑을 지냈다.

인간 박문수(朴文秀)

1. 인간 박문수

박문수는 홀로된 어머니에게 지극한 효자이었고 하나뿐인 형 민수에게도 우의가 돈독한 동생이었으며 집안 모두에게 자상한 어른이었다고 전해진다. 아버지 항한과 백부 태한의 묘도 그가 준비해서 명당에 치산했다고 한다. 조정에서의 명신이었던 그는 어려웠던 집안과 주위사람을 보살피는 일에도 매우 헌신적인 것이다. 이러한 처신은 검약과 절제를 가르쳤던 어머니 경주이씨의 준절한 공이었다고 알려져 있다.

그가 오늘에 이르기까지 민중으로부터 사랑과 존경을 받고 있는 것은 항시 현장을 보살피고 민초(民草)들에게 다가가서 문제점을 찾아내고 그들 편에 서서 문제들을 해결하는 강한 존재로서 알려져 있기 때문이다. 그러나 그는 이 과정에서 수없는 갈등과 좌절을 느꼈을 것이고 또 당쟁으로 인한 피해를 어쩔 수 없이 감수해야 했다. 민초들 즉 양민을 보호

하려는 그의 노력은 정적들로부터 질책과 질시를, 자기들의 부당한 권익을 지키려는 계층으로부터는 경계의 눈초리와 함께 백안시당하는 어려움을 경험해야 했다. 이렇게 해서 파격과 해학을 자주 행하는 습벽이 생겼으리라고 추정하는 학자들도 있다.

박문수 선생은 평택시 진위면 봉남3리에서 태어나 어린 시절을 보냈으나 묘는 충남 천안시 은석산 자락에 있다. 묘비명(충남문화재 자료 제261호)은 '조선 행병조판서 영성군 증영의정 충헌박공문수묘(朝鮮 行兵曹判書 靈城君 贈領議政 忠憲朴公文秀墓)'로 되어 있다.

수많은 관직에 올랐음에도 굳이 묘비에는 생전의 관직을 병조판서(兵曹判書)로만 기록하였다.

2. 박문수의 성정

영조시대 관료인 박문수는 복지정책과 개혁에 심혈을 기울인 인물로 대인관계는 좋지 않았다. 영조를 제외한 나머지 사람들과는 매끄럽지 못했는데 청렴·강직으로 인한 부작용이 그처럼 심각했다.

하지만, 조선 후기 민중들은 그런 박문수를 좋아했다. 박문수는 매사에 진취적이며 명석한 업무 처리와 소탈하면서도 당당하고 주위의 눈치를 보지 않는 강직한 성품으로 넉넉한 해학과 기민한 재치를 보여주었다.

3. 인간적 매력

　구전설화 1만 5천여 편 모아놓은 '한국구비문학대계' 인물 설화 중에서 어사 박문수가 가장 많은 210여 편을 차지함으로써 인간적인 매력을 느끼지 않을 수 없다. 박문수의 정치 관료로서 행적과 그 성과는 이론에 경도되지 않고 뛰어난 실무 능력을 발휘하였다.

　박문수는 백성을 아끼고 그들의 목소리에 귀를 기울였으며, 사재를 털어 진휼에 사용하였을 정도로 강한 위민의식을 소유하였을 뿐만 아니라 적극적으로 실천하기 위하여 노력하였던 인물이었다. 서민들 편에 서줄 그런 인물이 암행어사로서 세상을 바꿔주기를 염원했다. 그런 민중의 염원이 '암행어사 박문수 신화'를 낳았다고 할 수 있다.

　또한, 권력에 굴종하거나 주위의 눈치를 보지 않음, 당색이 분명했으나 적대 논리에 빠지지 않고 철저히 백성들의 편에 서서 백성들을 위한 정책 추진하였다. 그리고 실무관료로서의 전문성(세무행정과 군사행정실무)과 추진력에 능하며 풍부한 행정 경험을 갖춘 관료이다.

　즉 행정의 달인으로 앞일에 큰 비전을 가지고 적극적인 정책을 제안을 주창한 개혁가로 곤경에 빠진 백성의 문제를 해결해주는 큰 인물이다. 영조 17년 어영대장에 이어 함경도진휼사로 나가 경상도의 곡식을 실어다가 기민을 구제하여 송덕비가 세워졌다.

4. 박문수의 별칭

암행어사 박문수에 대한 명성에 어울리게 수많은 별칭이 전해오고 있기에 다음과 같이 정리했다. 조선시대 암행어사 전설, 가난한 백성들의 영웅, 백성들의 슈퍼히어로, 백성들의 인기순위 1위, 조선시대 최고 인기 스타, 힘없는 백성들의 삶을 보살핀 해결사, 백성들의 희망, 암행어사 대명사, 정의의 사도, 영조의 소울메이트. 세제개혁 통한 애민(愛民) 실천의 '명판관', 영조의 스승, 청렴한 관료의 상징, 백성 바보 박문수, 인정 많은 정의의 사나이, 유쾌! 통쾌! 어사 박문수, 사나이 중 사나이 진짜 사나이, 소금장수, 영조의 총신(寵臣)이며 직신(直臣), 민의(民意)의 대변자, 민생정치의 척후병 등이다.

5. 암행어사 박문수의 활동상

박문수가 어사에 임명된 것은 1727년(영조 3년) 영남안집어사(嶺南安集御史)와 1731년(영조 7년) 영남감진어사(嶺南監賑御史)로 파견되어 큰 활약한 것은 두 차례이다. 당시 박문수 어사 활동에 대한 기록이 많지 않다. 박문수 문집, 어사 임무 수행 뒤 조정에 제출하는 보고서인 서계(書啓) 첨부물인 부속문서 별단(別單)이 전해지지 않고 있다. 박문수가 암행어사의 임무와 활동을 마치고 국왕인 영조에게 보고를 제출했겠지만 박문수를 비롯한 영조 때 활약한 서계와 별단이 아쉽게도 거의 남아

있지 않은 상황이다. 다만 경상도에 파견된 어사 박문수가 조정에 돌아와 자신이 돌아본 경상도 내 수령을 비롯한 네 명의 관리에 대해 파직을 요청하는 『조선왕조실록』를 통해 일부를 유추할 수 있을 뿐이다.

저서와 글씨 및 기타

1. 『탁지정례(度支定例)』

1749년, 영조의 명으로 당시 호조판서였던 박문수가 주도하여 만든 책으로, 우리나라 주요 기관에서 사용되던 각종 재정 관련 내용들을 모두 모아 집필한 것이다. 박문수를 비롯해 이언형(李彦衡), 이경조(李景祚), 오언부(吳彦傅), 조지명(趙祉命), 권도(權導), 이수득(李秀得) 등이 국가와 왕실의 재정 업무와 재무 관련 내용들을 모아 편찬한 총 19권의 책이다. 현재 서울대학교 규장각 한국학연구원에 소장되어 있다.

2. 『국혼정례(國婚定例)』

1749년(영조 25년)에 박문수(朴文秀) 등이 왕명에 의해 국혼에 관한 정식(定式)을 적은 책이다. 당시의 혼속(婚俗)이 사치하여 국비의 낭비가

심하므로 궁중 혼수를 줄여 쓰도록 하기 위해 이 정례를 만들었다. 현재 서울대학교 규장각 한국학연구원에 소장되어 있다.

3. 오명항선생토적송공비(吳命恒先生討賊頌功碑)

병조판서 박문수가 글씨를 쓴 오명항선생토적송공비(吳命恒先生討賊頌功碑)는 경기도 유형문화재 제79호로 영조 4년(1728)에 일어난 이인좌의 난을 토벌한 공적을 기리기 위해 안성의 군관민이 영조 20년(1744)에 세운 송공비이다. 오명항은 이인좌의 난이 일어나자 경기·충청·전라·경상 4도의 도순무사로 임명되어 난을 진압하였다. 기념비는 경기도 안성시 낙원동에 위치하고 있다.

4. 일기

『남행록(南行錄)』은 박문수가 영조 때 암행일기로 필사본 63장이 전해지며 서울대 규장각에 소장되어 있다.

박문수 친가와 외가 및 처가 묘소

박문수 선생의 만년은 남양주 능내 별장(마현마을)에서 보내다가 서울 취현방(聚賢坊/서울 중구 정동)에서 1756년 4월 24일(영조 32년) 66세로 별세했다. 묘지는 충남 천안시 동남구 북면 은지리 산1-1, 은석산 정상에 있다. 이와 관련 친가인 고령박씨, 외가 경주이씨, 처가 청풍김씨 등 각각 선조 어르신들의 묘소를 조사하였다.

1. 친가(高靈朴氏)

번 호	성 명	관 계	위 치	비 고
1	박장원	증조부	경기도 장단군 진동면 서곡리 구봉산	25사단 민통선내
2	박 선	조부	충북 청주시 옥산면 동림리	
3	박항한	부친	대전광역시 유성구 복룡동 박산	

4	경주이씨	모친	대전광역시 유성구 복룡동 박산	정경부인
5	박문수	본인	충남 천안시 동남구 은지리 은석산	
6	청풍김씨	정실	충남 천안시 동남구 은지리 은석산	

2. 외가(慶州李氏)

번호	성명	관계	위치	비고
1	이항복	외현조부	경기도 포천시 가사면 금현산 4-2	
2	이세필	외조부	경기도 평택시 진위면 봉남3리 산22-1	이항복의 증손
3	이태좌	외삼촌	경기도 장단군 풍덕면 화실리(좌좌)	아곡마을 유래
4	이정좌	외삼촌	경기도 평택시 진위면 가곡리 70-1	이태좌 친동생
5	이종성	외사촌	– 경기도 장단군 풍덕면 작곡리(곤향) – 현) 파주 군내면 읍내리	– 이태좌 아들 – 영의정

6	이광좌	외가 어른	– 경기도 평택시 진위면 동천리 산164-2 – 이태좌의 재종제(육촌동생) – 이광좌 모친은 고령박씨 박문수 증조부 박장원의 딸	– 이항복 고손 – 소론의 대부 – 박문수 사부

3. 처가(淸風金氏)

번호	성명	관계	위치	비고
1	김육	처고조부	경기도 남양주시 경강로 399-24	남양주 향토유적 2호
2	김우명	처증조부	강원도 춘천시 서면 안보1리 산 27-1	강원도 기념물 20호
3	김석연	처조부	강원도 춘천시 신동면 증리	
4	김도협	장인	경기도 남양주시 경강로 399-24	

박문수 선생이 남긴
유산

　박문수 선생과 직접 관련이 있는 박문수의 묘(충남문화재 제261호), 박문수 초상(보물 제1189호), 종중의 재실(충남문화재 제289호)을 비롯하여 문화재관리국(1979)에서 발행된 박문수 선생의 유적과 현대의 학술 및 대중 자료와 함께 박문수 선생이 남긴 큰 자산인 정신적 문화유산을 정리했다.

구 분	내 용	비 고
박문수 선생 유품	– 박문수의 묘: 충남문화재 제261호 – 박문수 초상: 보물 제1189호 – 종중의 재실: 충남문화재 제289호	
박문수 선생 고택	– 남양주 능내 마현마을 고택터 – 주춧돌 99개	다산 기념관
역사적 자료	– 영조왕조실록(박문수 기록)	

박문수 도서 목록	– 기은고목록(시), 충헌공시고(시) – 교지(敎旨): 155점 – 유지(有旨): 17점 – 녹패(祿牌): 5점 – 호적단자(戶籍單子): 13점 – 입양문서(立養文書): 2점 – 시권(試券)(名紙): 3점 – 명문(明文): 1점 – 소지(所志): 1점	문화재 관리국 (1979)
저서(편저)	– 탁지정례(度支定例) – 국혼정례(國婚定例)	
글씨	– 오명항토적송공비(吳命恒討賊頌功碑) 경기도 유형문화재 제79호	안성공원 내
설화	– '한국구비문학대계' 인물 설화 중 가장 많은 210여 편	
현대 학술 자료	– 암행어사 박문수 등 단행본 122, 논문 76	
현대 대중 자료	– 대중가요 25곡, TV 드라마 10편, 영화 4편, TV 다큐 4편, TV 사극 16편, 인터넷 방송 9, 공연 6	
박문수 선생이 남긴 정신적 문화유산	'위민(爲民)' 충성(忠誠) + 청렴(淸廉) + 소통(疏通) + 실천(實踐)	

박문수 선생의
걸어온 길

1. 연보(年譜)

- **1691(숙종 17년)** 9월8일 진위현(振威縣) 향교동 현) 경기도 평택시 진위면 봉남3길 봉남3리(아곡마을) 출생
- **1695(숙종 21년/05세)** 진위에서 상경
- **1696(숙종 22년/06세)** 조부 박선 졸
- **1698(숙종 24년/08세)** 백부 박태한 및 부친 박항한(33세) 졸
- **1700(숙종 26년/10세)** 조모 용인이씨 졸
- **1703(숙종 29년/13세)** 이문경(李文敬)을 따라 외조부 이세필 임소인 삼척으로 감
- **1705(숙종 31년/15세)** 운곡 이광좌(李光佐)한테 지도받음
- **1706(숙종 32년/16세)** 청풍김씨 김도협(金道浹) 상주목사의 딸과 혼인
- **1709(숙종 35년/19세)** 외삼촌 이태좌의 임소인 강원감영(관찰사 직무장소/현재 원주시 일산동) 방문 후 이종사촌 이종성(李宗城)과 함께 금강산 유람
- **1718(숙종 44년/28세)** 곤륜(昆崙) 최창대(崔昌大)에게 맹자 지도받음

- 1721(경종 01년/31세) 진사초시에 합격
- 1722(경종 02년/32세) 증광감시에 합격
- 1723(경종 03년/33세) 증광감시문과(병과)에 16인으로 급제
- 1723(경종 03년/33세) 승정원 가주서(承政院 假注書) 및 부도정(副都正)으로 근무
- 1724(경종 04년/34세) 세제시강원(世弟侍講院) 설서(設書) 임명–영조와 인연
- 1724(영조 즉위/34세) 예문관 검열, 병조정랑 등 역임했으나 노론 집권 시 삭직
- 1725(영조 1년/35세) 관직을 일체 사양하고 공주 금리에 퇴거
- 1727(영조 03년/37세) 정미환국으로 소론 기용되자 사서에 재등용
- 1727.10.~1728.03. 안집어사로 처음 영남지방에 출두, 부정한 관리들 적발, 어사로서의 역량을 발휘
- 1728(영조 04년/38세) 부교리에 있을 때 이인좌난에 오명항의 종사관으로 출전 2등분무공신 영성군(靈城君)으로 책봉, 경상도 전무사로 남음
- 1728.4.~1729.3.(39세) 경상도 관찰사 역임
- 1730(영조 06년/40세) 대사간, 예조참판, 대사성, 동지의금부사, 도승지 차례로 역임
- 1731(영조 07년/41세) 형조참판에 임명됨, 영남에 흉년 들어 어사로서 진휼(賑恤)
- 1732(영조 08년/42세) 영남에서 구운 소금 1만 석을 수송하여 경기를 진휼
- 1733(영조 09년/43세) 우의정 김흥경으로부터 탄핵, 소금을 구워 흉년을 구제하는 상소를 올림. 공조참판, 대사헌을 역임
- 1734(영조 10년/44세) 진주정사 서명균의 진주부사(陳奏副使)로 청나라 연

경(燕京)에 다녀온 후 호조참판, 대사헌을 역임

- 1735(영조 11년/45세) 7월 모친 경주이씨 졸(71세)

- 1737(영조 13년/47세) 3년상 치른 후 도승지, 병조판서(兵曹判書) 역임

- 1738(영조 14년/48세) 안동서원 사건으로 문제가 돼 풍덕부사로 좌천

- 1739(영조 15년/49세) 지돈녕으로 함경도 관찰사(觀察使) 제수

- 1740(영조 16년/50세) 형조판서, 함경감사, 대사헌을 차례로 역임

- 1740(영조 16년/50세) 미사(渼沙) 일대에서 우거

- 1741(영조 17년/51세) 형조판서, 어영대장, 북도진휼사 등을 차례로 역임

- 1742(영조 18년/52세) 병조판서에 재임용

- 1743(영조 19년/53세) 경기도 관찰사로 임명되었으나 부임하지 않음. 홍계희
  의 모함을 받고 교외에 나갔으나 형조판서에 임명

- 1744(영조 20년/54세) 외직에 보임되어 황해도수군절도사로 좌천 및 어영
  대장 내정

- 1746(영조 22년/56세) 경기도 광주 미사에서 우거

- 1748(영조 24년/58세) 품계가 정헌(靖獻)에 오르고 호조판서(戶曹判書)에 임명

- 1749(영조 25년/59세) 호조판서로 재직하면서 탁지정례(度支定例)를 작성했
  으나 양역의 폐단을 논하다 충주목사로 좌천

- 1750(영조 26년/60세) 호조판서로 양역변통론을 올리고 수어사, 충주목사,
  영남어사 어사 균세사에 임명

- 1751(영조 27년/61세) 소천(笤川, 남양주 조안면 능내리 마현마을) 일대 거주

- 1751(영조 27년/61세) 세손사(世孫師), 예조판서, 한성판윤에 임명

- 1752(영조 28년/62세) 지돈녕에 임명, 영조가 동궁에게 왕위를 선위하려는
  것을 반대하다 제주도에 유배

- 1753(영조 29년/63세) 좌참찬(左參贊)에 임명되었으나 사직하고 소천(笤川) 돌아감
- 1755(영조 31년/65세) 도총부 도총관 임명, 소론의 '나주괘서의 변'으로 영조의 친국 및 방면, 사부 이광좌의 의리로 병 발병
- 1756(영조 32년/66세) 4월 24일 서울 취현방(聚賢坊) 현 정동집에서 춘추 66세 졸

2. 영조와 박문수 선생의 소사(小史)

영조즉위(1724/34세)년부터 박문수의 마지막 죽음까지 함께한 과정을 순서로 엮어보았다.

- **영조즉위(1724/34세)** 예문관 검열, 병조정랑 등 역임했으나 노론 집권 시 삭직
- **영조 1년(1725/35세)** 관직을 일체 사양하고 공주 금리에 퇴거
- **영조 3년(1727/37세)** 정미환국으로 소론 기용되자 사서에 재등용하였고 경상도 안집어사(安集御史)1727.10.~1728.03. 기간에 차출되어 영남일대의 억울한 백성들의 고통을 살피 고 지방관리(地方官吏)들의 수탈과 횡포를 뿌리 뽑아 명성(名聲)을 떨쳤다.
- **영조 4년(1728/38세)** 3월에 청주에서 이인좌(李麟佐)의 난(亂)이 일어나자 오명항(吳命恒) 을 사로도순무사(四路都巡撫使)로 박문수를 종사관(從事官)으로써 군중어사(軍中御 史)를 겸하도록 하여 출정시켰다. 이 반란(反亂)을 평정한 사람들에게 공훈을 내렸는데 박문수에게는 2등분무공신 영성군(奮

武功臣2等 靈城君)으로 봉(封)하고 경상도 진무사(鎭撫使)로 남아서 흩어진 백성들을 불러 모아서 다시 농업에 종사함으로써 선무(宣撫)하도록 하였다.

- **영조 5년(1729/39세)** 조정에서 박문수가 아니면 마땅한 사람이 없다고 하여 그 자리에 경상도 관찰사가 되었다. 여름에 관북지방 바닷물이 넘쳐 집, 재목, 그릇들이 떠내려 온다는 보고를 받고 영남 곡식 삼천곡으로 함경도 이재민들이 살게 되니 이들은 그 은덕 (恩德)을 기리기 위하여 함흥만세교두(咸興萬世橋頭)에 경상도 관찰사 박공문수 만 세불망비(朴公文秀 萬世不忘碑)라는 송덕비(頌德碑)를 세웠다.

- **영조 6년(1730/40세)** 대사간(大司諫)에 임명되고, 주사당상(籌司堂上)에 차출되어 예조참판에 이어, 대사성(大司成)으로 옮기고 도승지(都承旨)에 임명

- **영조 7년(1731/41세)** 형조참판에 임명되었고 영남에 흉년 들어 어사로서 진휼(賑恤)을 감독하고 영남에서 구운 소금 1만 석을 수송하여 경기를 진휼하고 1732년 복명했다.

- **영조 9년(1733/43세)** 공조참판에 임명되고 대사헌으로 자리를 옮겼다.

- **영조 10년(1734/44세)** 진주정사 서명균의 진주부사(陳奏副使)로 청나라 연경(燕京)에 갔다가 이듬해 1735년에 돌아왔다.

- **영조 13년(1737/47세)** 어머니 3년 상 치른 후 품계(品階)가 자헌(資憲)으로 진급되고 병조판서(兵曹判書)에 임명되었다.

- **영조 15년(1739/49세)** 지돈령(知敦寧)에 옮겼으나 상소를 올리고 고향으로 돌아오니 함경도 관찰사(觀察使)에 보직되었다.

- **영조 17년(1741/51세)** 형조판서(刑曹判書) 및 어영대장(御營大將)에 임명되다.

- **영조 18년(1742/52세)** 병조판서에 거듭 임명되었다가 다시 경기도관찰사(觀察使)에 임명되었으나 명을 받지 않았다.

- 영조 19년(1743/53세) 함경도 관찰사로 임명되었으나 역시 가지 않았다. 이어 지돈령사(知敦 寧事)에 임명되었으나 나가지 않으니 황해도수군절도사(黃海道水軍節度使)에 보직
- 영조 24년(1748/58세) 품계가 정헌(靖獻)에 오르고 호조판서(戶曹判書)에 임명
- 영조 25년(1749/59세) 품계가 숭정(崇政)에 오르고 판의부금사(判義禁府事)를 겸직하였다. 호조판서로 재직하면서 탁지정례(度支定例)를 작성했으나 양역의 폐단을 논하다 충주목사로 보직되었다가 영동남어염균세사(嶺東南漁塩均稅使)임명
- 영조 27년(1751/61세) 세손사(世孫師)로 승진되고 예조판서, 한성판윤에 임명.
- 영조 29년(1753/63세) 판돈령사(判敦寧事)와 좌참찬(左參贊)에 임명되었다.
- 영조 32년(1756/66세) 4월24일 서울 취현방(聚賢坊) 현 정동집에서 춘추 66세 졸

특별 증직으로 대광보국숭록대부 의정부 영의정 영성부원군(大匡輔國崇祿大夫 議政府 領議政 靈城府院君)에 추증돼서 부조(不祧)를 명받았으며 시호를 충헌(忠憲)으로 받고 영조(英祖)는 친히 제문을 짓고 제관을 보내어 제사를 지내게 하였다.

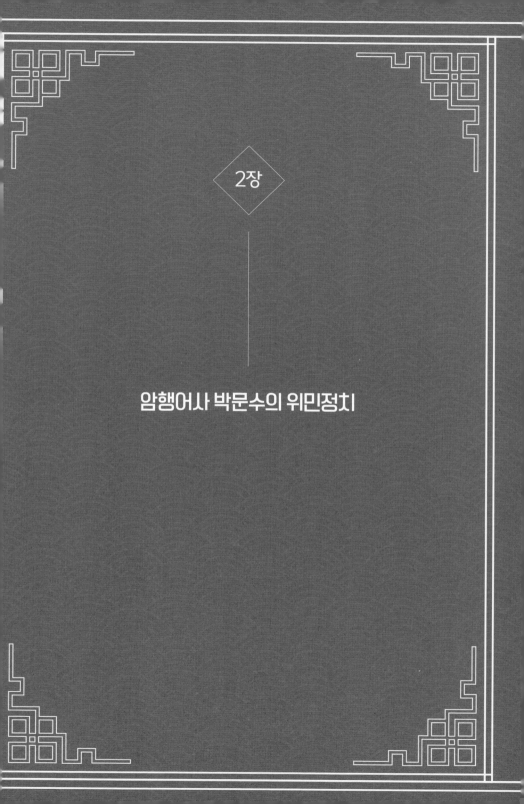

2장

암행어사 박문수의 위민정치

암행어사
박문수(朴文秀)의 얼

 박문수 정신 키워드는 5가지로 충성(忠誠), 위민(爲民), 청렴(淸廉), 실천(實踐), 소통(疏通)으로 요약해 볼 수 있다. 즉 충성(忠誠) 국가와 주군(영조)에 대한 충정 어린 충성심, 청렴(淸廉) 3년 간 조부, 백부, 부친, 조모가 돌아가시고 가세가 기울어 시행한 어머니의 교육, 소통(疏通) 백성의 말을 듣고 아픔을 공유하는 지도자, 실천(實踐) 현장에서 업무 처리, 위민(爲民) 오직 백성을 사랑(愛民) 했다고 본다.

충성(忠誠)	청렴(淸廉)
위민(爲民)	
소통(疏通)	실천(實踐)

박문수의 위민사상과
위민정치 실현

박문수는 위민정책(爲民政策)을 입안하고 실천하였다. 이는 가학(家學)을 바탕으로 형성된 실천적 학문과 성장기에 민생의 여러 가지 폐단을 직접 체험하여 위민정치의 실현이라는 뚜렷한 정치적 가치관과 목표가 투영된 결과였다.

박문수는 정치적 지향점이었던 위민의식을 위한 정책을 다방면으로 건의하고 실천하였다. 대표적인 것이 진휼(賑恤) 사업에 대한 열의, 제염(製鹽)을 통한 재정의 확충, 군역(軍役)의 폐단 시정, 양역법(良役法)의 개선, 진휼(賑恤) 사업에 대한 열의, 생사당(生祠堂), 선정비(善政碑), 서원(書院) 폐단의 혁파를 주장, 염전 사업으로 경제적 이익을 강구, 나이 많은 총각과 처녀의 중매하여 혼인 돕기 등이다.

또한 도승지로 재임하던 중 호서지방을 답사하며 흉년의 폐해를 목도하고 사재를 털어 진휼에 사용하기도 하였다. 이처럼 박문수는 위민의식

(爲民意識)을 목표로 하여 자신의 특권마저 포기하는 실천적인 지식인의 면모를 지녔다.

암행어사 박문수가 조선 시대 600여 명 암행어사의 대명사 상징으로 각인 계기가 된 것은 무엇일까?

첫째, 박문수를 암행어사 아이콘으로 유명하게 만든 것은 높은 벼슬도 임금의 총애나 유학자로서 학문이나 문장이 뛰어났기 때문도 아니다. 백성을 사랑하고 민중의 고통을 덜어 주려는 마음 즉, 위민사상(爲民思想) 때문이었다. 그 같은 마음이 백성들에게 고마움으로 입에서 입으로 전해졌기에 오늘날 박문수를 암행어사의 대표 브랜드로 만들었다.

둘째, 당색이 분명했으나 적대 논리에 빠지지 않고 감찰과 민생을 점검한 최고의 암행어사로 이론에 경도되지 않고 뛰어난 실무 능력을 발휘했고 권력에 굴종하거나 주위의 눈치를 보지 않았다.

셋째, 지방 수령 또는 아전, 토호세력들의 비리를 발견하면 백성을 가장 먼저 생각하면서 가차 없이 응징했다.

넷째, 암행어사 박문수는 전국 구비문학에 연관된 야담이 300여 개가 전수될 정도로 오랫동안 민중 속에 넉넉한 해학과 기민한 재치를 보여주고 곤경에 빠진 백성의 문제를 해결하는 해결사 역할을 한 인물이다.

다섯째, 이런 귀감이 된 인물은 흔치 않았기 때문에 암행어사 박문수가 많은 시간이 지났음에도 불구하고 오늘날에도 회자되고 있다고 생각한다.

　여섯째, 백성을 위한 정책 입안 및 실천으로 정책의 차원에서 노처녀·노총각의 중매 주선, 양역법(良役法)의 개선을 위해 부심, 진휼(賑恤) 사업에 대한 열의, 생사당(生祠堂), 선정비(善政碑), 서원(書院) 폐단의 혁파를 주장, 염전 사업으로 경제적 이익을 강구하였다.

박문수의 리더십은
현장(現將)이다

우리는 크고 작은 조직의 리더를 평할 때 일반적으로 용감해서 용장(勇將), 인덕을 갖춘 유형 덕장(德將), 머리 좋아 지혜로운 장수유형 지장(智將) 더 나아가 현명한 장수유형 현장(賢將), 운이 있는 장수유형 운장(運將), 신이 도와준다고 신장(神將)이라고 재미있게 표현한다. 그럼 박문수의 리더십은 어떨까? 필자는 위의 7가지의 리더십이 융·복합적으로 갖춰져 있으며 이에 더해 전국 각지 현장(現場)에서 암행어사 활동하고 백성을 위해 어려운 여건하에서도 기꺼이 한 몸 바친 현장(現將)이라고 주장하고자 한다.

現將

⇑

勇將 + 德將 + 智將 + 賢將 + 運將 + 神將

현장(現將)이란 단어는 어느 사전에도 없는 필자가 지어낸 단어이다. 즉, 역사 속 인물을 보면 현장 경험이 있는 사람들과 그렇지 않은 사람들의 차이가 항상 드러난다. 암행어사 박문수는 높은 관직에 있으면서 백성 편이 되어준 정의의 사도로 현장(現場)에서 바로 즉시 나쁜 사람을 벌하고 좋은 사람을 도와주는 영웅이자 우상이었다.

박문수는
국방 및 경제 전문가

　박문수는 주로 중앙에서 활동하는 관료였다. 영조 임금의 총애를 받으면서 그 시대의 재정 문제를 진두지휘한 유능한 관료였다. 그는 왕실의 이익은 물론 백성의 이익도 함께 생각하는, 좋은 재정 전문가였다. 흉년이 들어 경기불황이 되면 백성들에 대한 식량 지원을 주도함으로써 서민경제를 살리는 데도 앞장섰다. 박문수는 특히, 군정(軍政)과 세정(稅政)에 밝아 당시 국정의 개혁논의에 중요한 몫을 다하였다.

1. 국방 전문가

　박문수는 문신으로 중앙 및 지방의 관료를 지내면서 병조판서 2회, 무신란(이인좌)의 오명항의 종사관으로 참여해 진압하였다. 또한, 황해도 수군절도사 활동을 하였고 당시 행정권, 사법, 국방/병권을 소지한 관찰사(경상도, 함경도) 한성판윤을 역임하면서 국방의 전문가로 활동하게 됨을 알 수 있다.

2. 세정 전문가

양역(良役)의 폐단을 개혁했을 뿐만 아니라 탁지정례(託支定例) 제도를 만들어 국가의 재정을 튼튼히 했고 오로지 고통 받는 백성을 위해 살신성인의 자세로 초지일관하였다. 옳다고 생각하면 임금 앞에서도 굽히지 않는 강직한 성품으로 인하여 모함을 받고 파직되기도 하였으며 온갖 고초를 겪기도 했다. 박문수가 당시를 비롯하여 지금까지 널리 회자되고 있는 원인 중 하나는 항상 정의의 편에서 약자를 돕고 진실을 규명했다는 데 있을 것이다.

왜, 박문수는 암행어사의 대표적인 전설일까?

박문수(朴文秀)가 암행어사의 직책을 수행한 기간은 실제로 1년이 되지 못한다. 그뿐만 아니라 조선조(朝鮮朝)의 암행어사는 600여 명이나 된다. 허나 그 중에서 박문수만이 암행어사의 대명사와 같은 상징성을 갖고 있으며, 조정에서의 그의 역할이 보다 다양하였음에도 그에게 암행어사로서의 역할과 행적만이 큰 비중으로 남게 된다.

그렇다면, 실제로 공직생활 중 극히 짧은 기간을 어사로 활동하였음에도 불구하고 그가 '암행어사의 대명사'로 남은 이유는 과연 무얼까? 가장 먼저 꼽을 수 있는 이유는, 어사로서 그가 보여준 전례 없이 파격적인 행동들이었다고 생각된다.

아마도 경상도관찰사(慶尙道觀察使), 감진당상(監賑堂上), 함경도관찰사(咸鏡道觀察使) 등, 지방관, 휼민관(恤民官)으로서의 활동무대에서 민초(民草)들에게 다가가 그들의 실정에 맞는 직시적이고 실질적인 조치를 취함으로서 그들로부터 절대적인 사랑과 지지 그리고 존경을 받게 되었던 것이 암행어사로서의 그의 행적과 중첩되어 투영된 것이라고 볼 수 있다.

어느 핸가 박문수는 극심한 흉년에 시달리는 마을에 어사로 내려간 적이 있었다. 홍수와 가뭄이 번갈아 마을을 휩쓸고 있었다. 박문수는 백성들 구제 사업을 소홀히 한 수령들을 가차 없이 처벌하는 한편 자신이 가지고 있던 곡식을 털어 굶주린 백성들에게 나누어주었다.

이 소식은 입소문을 타고 전국 각지로 퍼져 나갔다. 그러잖아도 어사 시절 자신들을 위해 베푼 선정에 마음을 빼앗기기 시작하였던 각 고을의 백성들이 박문수의 이름을 연호하기 시작하였다. 백성을 위한 선정이 무엇인가를 몸소 보여줌으로써 그는 서서히 '박짱'이 되어가고 있었던 것이다.

다음으로는 관찰사 등 지방관과 조정의 주요 벼슬을 두루 거치면서 지속적으로 보여준 그의 백성들에 대한 뜨거운 애정과 살신성인의 자세도 모두 어사 시절의 이야기로 윤색되고, 당시 지방에서 활약한 암행어사 관련된 많은 일화도 대부분 박문수 이야기로 흡수 통합되었을 것이라는 분석이다. 실제로 박문수는 어사로 활동하지 않은 시기에도 백성을 구제하기 위하여 참으로 많은 일을 해낸 인물이었다.

마지막으로 박문수는 영조로부터의 절대적인 신임을 받고 있던 신분적, 제도적, 구조적으로 누적된 비리를 사심 없이 때로는 기지를 발휘하며 과감하게 척결하였고, 그것은 민초적 불만을 푸는 카타르시스의 효과가 있었으리라고 보인다.

  실제로 '암행어사'와 '박문수'는 언제부턴가 마치 '호(號)'와 '이름'처럼 늘 함께 불리면서 고유명사화 되어 '암행어사 = 박문수'라는 등식이 우리 모두의 뇌리에 깊이 각인되어 있다. 그래서 혹자는(조선 시대에 600여 명이 활동했음에도 불구하고) 암행어사라는 관직이 오직 박문수에게만 주어진 '특정직' 쯤으로 오해하는 일까지 생겨날 정도였다.

박문수의 현장
리더십 스토리

1. 야담과 설화

한국구비문학대계(韓國口碑文學大系)에 의하면 박문수 관련 구전설화는 총 210여 개로 박문수와 관련된 구전설화가 실제의 활동보다 훨씬 많이 전해져 내려오는 것은 박문수의 암행활동이 누구보다 뛰어나고, 공명정대하게 일을 처리했기 때문이다.

한편 탐관오리들의 수탈로 백성들의 고통이 심했음을 반증하기도 한다. 당시 암행어사는 돈 없고 배경 없는 사람들의 구세주로 정혼녀를 부자에게 뺏길 위기에 처한 가난한 총각을 도와주는 이야기, 효녀의 기도를 듣고 그 아버지의 빚을 갚아주는 암행어사 이야기 등이 있다. 박문수의 이야기는 뜻밖의 기록에서도 찾을 수가 있다. 한국학중앙연구원(경기도 성남시 분당구)에 보관된 곳에 우리나라에 전해 내려오는 구전설화 15,000여 편을 모아놓은 『한국구비문학대계』란 책이다. 인물 분야 설화 중에서 가장 많은 부분을 차지한 설화가 암행어사 박문수에 관한 부분이다. 무수한 설화집과 야담집들에 수록되어 있다.

2. 박문수(朴文秀), 친삼촌 박사한을 치죄(治罪)

이인좌의 난 마무리 중에 박문수에게 난처한 일이 생겼었다. 그때 함
양현감이 바로 박문수의 친 삼촌인 박사한(朴師漢, 1698~1745)이었는
데 난중에 임지에서 달아나 버렸고 그 밑에 있던 이방(吏房)등이 적괴 정
희량(鄭希亮)에게 회유되어서 무기와 관곡을 반란군에게 제공한 것이었
다. 조카로서 단 하나뿐인 삼촌을 치죄하게 되었다는 것은 당사자 모두
에게 실로 난처하고도 불행한 일이었으나 어쩔 수 없는 현실 앞에서 박
문수는 박사한을 하옥시키고 장계(狀啓)로 보고하였다.

3. 경상도관찰사 박공문수 북민감은비
(慶尙道觀察使 朴公文秀 北民感恩碑)

경상도 관찰사로 부임하던 해 여름에는 포항 앞 바다에 집, 재목, 그
릇 등이 떠내려 온다는 보고를 받게 되자, 관동지방과 관북지방에 수재
가 발생한 것을 감지하고 관동지방에는 수재가 경미한 것을 확인한 후에
즉시 제민창(濟民倉)의 곡식 3,000곡(斛)을 함경도로 실어 보내라고 명령
하였다. 주위에서 조정의 명령 없이 타도(他道)로 곡식을 보내면 후에 문

책이 있을 수 있다는 만류도 있었으나 박문수는 과감성 있게 결행하였고 함경도관찰사가 곡식을 청하는 장계를 올린 직후에 곡식을 가득 실은 배가 도내에 들어오게 되니 함경도관찰사와 그 도민들의 기쁨은 이를 데 없었다. 이로서 10여 고을의 이재민을 살릴 수 있게 된 것이었다.

후에 이들은 박문수(朴文秀)의 은덕을 기리는 감은비(感恩碑)를 함흥 만세교(萬世橋)앞에 세웠다.

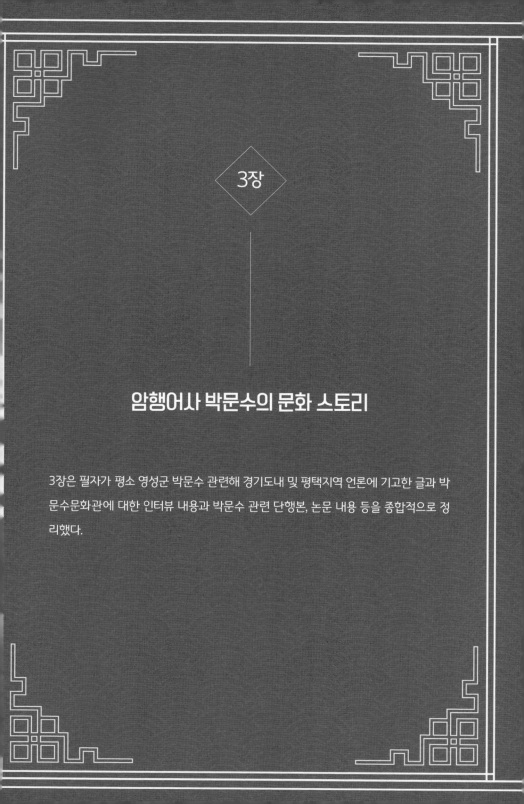

3장

암행어사 박문수의 문화 스토리

3장은 필자가 평소 영성군 박문수 관련해 경기도내 및 평택지역 언론에 기고한 글과 박문수문화관에 대한 인터뷰 내용과 박문수 관련 단행본, 논문 내용 등을 종합적으로 정리했다.

기고문

역사 인물 관광 자원화와 어사 박문수

　지방자치제가 시행된 이후 역사 인물을 지역의 관광자원으로 활용하고 있는 것이 대세다. 전남 장성의 홍길동 테마파크, 완도는 해상왕 장보고, 홍성의 만해축제, 평창의 소설 「메밀꽃 필 무렵」의 실제 배경지를 활용한 효석문화제, 영월의 단종문화제, 여주의 명성황후제, 남양주의 다산문화제, 의성 허준 축제가 있고, 암행어사 출신 추사 김정희를 선점하기 위해서 과천시, 예산군, 제주도가 각각 온 힘을 쏟고 있다.

　우리 평택의 역사 인물을 보면 이곳에서 출생한 원균, 이대원, 한온 장군, 삼학사의 홍익한, 민세 안재홍, 해금 시나위 지영희 명인 등이 있다. 또한, 삼국시대 원효대사, 조선건국의 설계자 정도전, 삼학사 오달제, 대동법을 시행한 김육 등은 우리 평택과 연관이 있는 대표적 인물이다.

암행어사의 대표적 인물, 박문수의 본향은 고령으로, 1691년 9월 8일 출생해 1756년 4월 24일 서울에서 66세의 나이로 영면한 후에 고령박씨 집성촌인 충남 천안시 북면 은지리 은석산 정상에 안장됐다. 허나 박문수가 우리 고장 평택시 진위면 봉남리, 옛 진위현 향교동 외가에서 태어나 성장했다는 사실을 많은 평택 시민이 간과한다. 위대한 조선 후기 청백리 정치인, 암행어사 박문수는 평택에서 태어났다.

박문수는 전국 구비문학에 연관된 야담이 300여 개가 남아있을 정도로 수백 년이 지난 오늘날에도 민중 속에서 살아 숨 쉬는 인물이며, 평택시 문화관광의 활성화를 위한 아주 중요한 콘텐츠다.

2021년, 암행어사 박문수 탄생 330주년을 앞두고 올해 하반기에는 암행어사 전설이자 민중의 희망 박문수에 대한 재조명 차원에서 학술 세미나를 개최하는 것이 바람직하다. 또한, 부정부패 척결의 상징이며, 오늘날에도 많이 회자되는 인물 박문수에 관한 체계적인 연구와 문화유적 정비 등이 본격적으로 진행되기에 시의적절하다. 현시대에 진정으로 필요한 캐릭터, 박문수는 평택의 역사인물 문화관광 자원화에 있어 슈퍼히어로가 될 수 있는 자랑스러운 보배라는 사실을 우리 모두 명심해야 한다.

[출처] 평택시사신문 | 2020.04.29. 장승재
http://www.ptsisa.com/news/articleView.html?idxno=29712

암행어사 박문수의 관광자원화와 발전방향

　오랜 시간이 흘렀지만, 오늘날에도 왜 암행어사 박문수일까? 현대는 이야기가 있는 스토리텔링이 대세다! 암행어사 박문수는 전국 구비문학에 연관된 야담이 300여 개가 전수될 정도로 오랫동안 민중 속에 넉넉한 해학과 기민한 재치를 보여주고 곤경에 빠진 백성의 문제를 해결사 역할을 한 인물이다. 한마디로 암행어사 박문수는 요즘 제일 중요시하는 이야깃거리가 있는 콘텐츠의 보물이다. 박문수의 이야기를 재미있게 해학적으로 엮어나가면 사람이 모임으로써 결국은 지역경제에 도움이 된다는 얘기다. 이것을 두 눈 뜨고 알면서 놓칠 수는 없는 것 아닌가? 평택은 그동안 관광에 대해서만큼은 불모지였다고 생각한다. 그러나 민선 7기는 평택관광 중요성에 눈을 뜬 인상이다. 우리 평택의 역사 인물 중에 국내외 관광객 유치와 지역경제 활성화에 도움이 되면 평택의 정체성 범위 내에서 최대한 할 수 있는 것을 다해야 한다.

　어사 박문수는 우리 평택에서 태어난 위대한 인물로 오직 백성을 가장 먼저 생각하는 치적에 비해 박문수 생가터 표지판 하나 없는 무관심 속에 내팽개쳐진 실정이다. 이런 상황에서 평택 인근의 안성시와 천안시가 어떻게 어사 박문수를 브랜딩 하는지 비교 검토해보자.

먼저 안성은 칠장사로 과거시험 보러 가던 인연으로 매년 '칠장사 어사 박문수 백일장'이 열리고 있다. 사찰 옆 칠현산으로 오르는 산책로에는 '어사 박문수 합격 다리'도 설치했다. 또 안성은 '어사 박문수 몽중등과(夢中登科)'를 상표 출원하고 '어사 박문수' 찹쌀떡을 생산 판매하고 있다. 충남 천안은 북면 은지리 은석산 정상 어사 박문수의 묘가 있어 박문수 테마길을 조성했고 2016년 7월 천안시는 '암행어사 출두(野)'가 문화체육관광부의 충청유교문화권 광역관광개발계획에 선정돼 218억 1천만 원 예산이 책정돼 암행어사관, 장원급제관, 위민마당 등 체험관광 시설을 조성 중으로 알려져 있다. 아울러 천안박물관에 영정사진과 유물이 전시해 놓고 지역 경제 활성화를 위해 관광객 유치에 열중하고 있다.

그럼 '어사 박문수'가 태어나 자란 우리 평택은 어떻게 해야 하는가?

첫째, 암행어사 박문수는 하늘이 평택에 내려준 귀중한 선물이며 평택 시민들은 박문수의 거룩한 위민정신과 수백여 개 야담을 보존과 발전시킬 책임과 의무가 있다고 생각한다.

둘째, 생가터 복원은 뒤로하더라도 어사 박문수가 평택 출신임을 알리기 위해 관계기관은 바로 즉시 생가터 표지판이라도 세워야 한다.

셋째, 어사 박문수가 이룬 큰 업적을 기리는 뜻에서 우선 평택 출신들만이라도 암행어사 박문수 학술 세미나 등 행사 개최를 통해 박문수 정신에 대한 근본적인 정체성을 재조명돼야 한다.

넷째, 태어난 진위면에 인근 박문수의 청렴과 위민정신을 기리는 기념관 설치와 공직자 및 기업인의 청렴과 윤리경영 교육은 물론 청소년을 위한 어사 박문수의 나라 사랑과 국민을 위한 해학이 넘치는 프로그램도 진행되었으면 바람이다.

마지막으로, 필자는 암행어사 박문수의 정기를 받아서 나라와 국민을 사랑하는 통 크고 멋진 인물을 진위천과 안성천이 합수되는 지점에서 만나 평택호를 향해 손잡고 걷고 싶다.

[출처] 평택시사신문 | 2020.05.13. 장승재
http://www.ptsisa.com/news/articleView.html?idxno=29791

'암행어사 박문수 테마파크'를 제안한다

우리 고장 평택과 인연이 있는 역사 인물인 원효대사, 삼봉 정도전, 원릉군 원균, 이대원 장군, 한온 장군, 삼학사의 홍익한 및 오달제, 민세 안재홍, 해금 시나위 명인 지영희 등이다.

나름대로 문화역사 인물 선양사업을 갖춘 곳으로 원효대사 깨달음관, 삼봉 정도전 사당, 원균 장군 기념관, 민세 안재홍 기념사업회 및 생가, 지영희 기념사업회 및 국악관 등으로 생각한다.

지자체는 자기 고장의 역사 인물이 관광의 근간인 문화가 형성되고 관광자원이 되고 축제와 연결되면서 관광객을 통한 그 지역의 주 수입원으로 노력한 지 오래다.

이율곡이 태어난 외가 강릉 오죽헌과 함께 전남 장성군 '홍길동 테마파크' 홍길동 생가의 전설 속에서 탄생한 것으로 허균의 소설에 의존한 콘텐츠만으로도 정부의 막대한 지원을 받았고 관광객 유치에 심혈을 기울인 결과 대표적인 명소가 됐다.

이에 반해 암행어사 박문수는 요즘 이 시대를 살아가는 모든 사람에게 귀감이 된 인물은 흔치 않았기 때문에 어사 박문수가 많은 시간이 지났음에도 불구하고 오늘날에도 회자되고 생각한다.

필자는 우리나라 역사적으로 많은 위인이 있었지만, 백성들에게 정의의 사도 등 수많은 수식어가 따라다니는 요즘 세상에 정말 필요한 캐릭터와 함께 인물설화가 제일 많은 암행어사 박문수를 중심, 역사문화 공간 '암행어사 테마파크' 조성을 제안한다.

1691년 9월 8일에 진위현 향교동(오늘날 진위면 봉남리)의 외가에서 태어나서 유년기를 보낸 박문수를 활용한 평택시 역사문화관광의 '암행어사 테마파크' 조성은 평택관광의 전환점으로 국내외 관광객 유치하기 위한 멋진 큰 관광소재이다. '암행어사 박문수'는 귀중한 자원으로 우리 고장 평택의 정체성 있는 대표 브랜드가 될 수 있다고 확신한다.

다른 지자체는 역사 인물 관광 자원화에 자기 고장 출신 여부를 떠나 관광 상품화하는 데 익숙하다. 그러나 현재 평택의 관계기관은 '암행어사 박문수'란 너무 소중한 자원을 손 놓고 있는 인상을 받아 아쉽다. 그나마 2018년 12월 8일 송사모-평택시오페라단 공동주관으로 창작 오페라 '어사 박문수'가 개최된 것에 위로를 받는다.

'암행어사 테마파크'를 박문수의 출생지 봉남리 진위천 일원에 개관되고 세계적으로 한국만 있는 반부패제도 암행어사 제도와 함께 어사제도 성립 이후 현대까지 어사 관련 전시관에 어사 박문수 관련 수많은 설화, 시와 소설, 인형극, 만화, 오페라, 대중

가요, 영화 등 문화 예술적으로 우리 국민 남녀노소 관계없이 주위에 너무 가까이 있다는 사실 자체만이라도 아주 귀중한 평택관광의 허브 중 한곳이 되리라 믿어 의심치 않는다.

아울러 국내 TV에 오랫동안 방영돼 인기를 끌었던 송나라 청백리 〈포청천〉과 함께 일본 도쿠가와 이에야스 후손으로 암행을 즐기던 〈미토고몬〉도 함께 전시된다면 한·중·일 국제 암행어사의 메카로서 우리나라 관광객은 물론 일본인 및 중국인 관광객에게도 세계 하나밖에 없는 '암행어사 테마파크'에 흥미를 유발하는 계기가 될 것이다.

또한, 암행어사의 상징인 '마패'와 함께 수백 년이 지난 오늘날까지도 구전되는 300여 개의 야담의 스토리는 너무 귀중한 구전문학의 문화유산이며 관광자원의 귀한 재산이다. 이와 함께 평택의 대표 관광 기념품으로도 '마패'를 주물로 특별 제작해 상품화하기에 충분하다.

물론 하루아침에 되는 것은 아니지만, 평택시 및 관계기관은 정부의 시대적인 흐름에 맞게 능동적으로 조속히 박문수를 중심으로 하는 '암행어사 테마파크'가 조성돼서 국민의 큰 호응과 함께 평택관광 활성화 및 역사·문화도시로 재탄생하길 기대한다.

[출처] 평택시사신문 | 2020.05.20. 장승재

http://www.ptsisa.com/news/articleView.html?idxno=29872

관광자원이 풍부한 '진위면'

진위면은 평택의 제1 관문이다. 진위라는 지명은 삼국통일 후 신라 경덕왕 때부터 사용됐다. 오늘날의 평택은 1914년 3월 1일 이후 진위군에서 평택군으로 1948년 4월 평택군 북면이 진위면으로 바뀐다.

진위면에는 동천리 산 46-2번지의 37도 08분은 평택의 최북단으로 평택시 최고(最高)의 주산이라 할 수 있는 무봉산과 평택의 젖줄인 진위천이 관통해서 팽성 동창리에서 안성천과 합수돼 평택호로 흐른다.

진위면 중심지인 봉남리는 1500년 이상 평택지역 정치·행정의 중심지였다. 근대 이전 만해도 관아와 향교, 객사 등 주요 공공시설이 이곳에 있었으며 근대 이후 철도교통로가 들어서면서 진위는 전반적으로 쇠퇴일로에 들어서게 된다.

그 후로 오랫동안 '진위'는 역사의 전면에 등장하지 못했다. 지금에 와서야 평택의 옛 중심지인 진위의 관광자원으로서의 가치를 재조명해볼 필요가 있겠다는 생각이 들었다. 진위면은 평택 관내 23개 읍·면·동 중 가장 경쟁력 있는 역사문화 및 자연 생태계 등을 중심으로 한 관광자원이 풍부하다.

조선 후기 암행어사 '박문수'와 남사당 진위패의 전성기를 이끌며 안성 남사당패에도 영향을 준 '유세기'가 진위면 봉남리에서 태어났다, 조선개국의 설계자 삼봉 정도전의 사당도 있다. 이 밖에도 진위향교를 비롯해 보물 제567호 철조여래좌상을 모신 만기사가 있다.

진위는 한양으로 가던 옛길 삼남길과 이순신 백의종군길 그리고 우리 고장 섶길과 연결돼 걷기코스로도 제격이다. 경기 옛길 삼남길 9길이 '진위고을길'로 명명돼 있으나, 필자는 개인적으로 '암행어사 박문수길'로 수정되길 소망한다.

자연생태 자원으로 무봉산 줄기의 가곡리를 출발해 동천리로 이르는 구간은 평택에서 몇 안 남아있는 자연 그대로 생태 공간이다. 힐링 투어 프로그램과 농촌 생태체험을 위한 공간으로 매우 적절하다고 생각한다. 또한, 무봉산 청소년수련원은 지역 유일의 대규모 수련시설로서 단체 관광객을 유치할 수 있는 시설이다. 특히 박문수의 이야기를 담은 설화에서 등장하는 동자(童子)가 알려준 과거시제 「낙조」라는 시의 유래가 진위천이라는 설도 있을 만큼, 석양의 아름다움은 경이롭기까지 하다.

진위면 관내 기업인 롯데제과, (주)홍원제지, (주)매일유업, (주)한국야쿠르트, LG전자 디지털 파크 등은 산업관광 자원으로 충분하다. 위에 열거한 역사문화관광 자원 외에도 인근에는 임진왜란 당시 공훈 원균 장군 묘와 사당이 있고 송탄관광특구가 있다.

평택관광은 말할 것도 없이 북부지역 특히 진위면의 관광 측면에서 볼 때 암행어사 박문수라는 걸출한 역사적 인물을 어떻게 활용할지를 고민하는 것은 행복한 고민이 아닐 수 없다.

다채로운 지역 문화자원을 어떻게 활용할지, 지역주민과 행정당국 그리고 전문가 삼위일체가 돼서 심사숙고 해봐야 할 시점이다.

마침 민간단체인 암행어사박문수문화연구회는 진위면 진위서로 127, 2층에 '암행어사박문수문화관'을 개설해 우리 고장 출신 암행어사 박문수를 본격적으로 연구와 함께 암행어사 박문수 관련 도서, 암행어사 전시, 홍보 및 전시 공간, 진위향토관 등을 운영할 예정이라 하니 평택관광 및 진위여행의 허브로서 홍보 및 안내소 역할은 아주 바람직한 현상이 아닐 수 없다.

상술한 진위면의 관광자원은 전국의 지자체 어느 관광명소와 비교해도 결코 뒤지지 않는다. 따라서 진위만의 관광 상품화를 통한 프로그램 운영은 매우 중요하다.

예를 들어 진위역에서 출발하는 암행어사 투어는 수도권의 관광객을 유치할 수 있다는 점에서 실현 가능성이 높다. 진위가 더는 쇠락한 채로 고요와 적막이 감싼 동네가 아니라 생동감과 활력이 넘치는 평택관광 르네상스의 촉매제가 되길 기대한다.

[출처] 평택신문 | 2020.06.22. 장승재

http://www.iptnews.kr/news/articleView.html?idxno=2825

암행어사 박문수의 '청렴과 위민정신을' 새겨야

　우리나라 역사적으로 많은 위인이 있었지만, 백성들에게 정의의 사도 등 수 많은 수식어가 따라다녀 캐릭터가 확실한 암행어사 박문수가 도내 평택시 진위면에서 나서 성장했다는 사실에 많은 경기도민 및 평택 시민들이 간과하고 있다.

　어사 중 암행어사의 대표적 인물, 박문수가 도내 평택시 진위면 봉남3리(진위현 향교동)에서 1691년 9월 8일 (음력) 태어나 유년시절을 보내고 1756년 4월 24일(음력) 서울에서 66세에 돌아가신 후 고령박씨 집성촌인 천안시 동남구 북면 은지리 은석산 정상에 모셔져 있다.

　암행어사 박문수는 영조 18년(1742) 경기도 관찰사에 임명됐다가 부임이 늦는 바람에 파직된 기록이 남아있는 조선 시대 경기도 279여 명 중 한 사람이기도 하다.
　경기도 평택 진위출신 박문수가 조선 시대 600여 명 암행어사의 대명사 상징으로 각인 계기가 된 것은 무엇일까?

　첫째, 박문수를 암행어사 아이콘으로 유명하게 만든 것은 높은 벼슬도 임금의 총애는 물론 유학자로서 학문이나 문장이 뛰어난 것도 아니다. 오직 백성을 사랑하는 민중의 고통을 덜어 주려는 마음 때문이었다. 그 같은 마음이 백성들에게 고마움으로 입에서 입으로 전해졌기에 오늘날 박문수를 암행어사의 대표 브랜드가 되었다.

둘째, 당색이 분명했으나 적대 논리에 빠지지 않고 감찰과 민생을 점검한 최고의 암행어사로 이론에 경도되지 않고 뛰어난 실무 능력을 발휘했고 권력에 굴종하거나 주위의 눈치를 보지 않았다.

셋째, 지방 수령 또는 아전, 토호세력들의 비리를 발견하면 뛰어난 실무 능력을 발휘했고 권력에 굴종하거나 주위의 눈치를 보지 않고 가차 없이 응징하고 오직 백성만을 가장 먼저 생각하면서 많은 위민정책을 입안하고 시행한 것이다.

넷째, 암행어사 박문수는 전국 구비문학에 연관된 야담이 300여 개가 전수될 정도로 오랫동안 민중 속에 넉넉한 해학과 기민한 재치를 보여주고 곤경에 빠진 백성의 문제를 해결사 역할을 한 살아 숨 쉬는 인물이다.

다섯째, 암행어사 박문수는 요즘 이 시대를 살아가는 사람들에게 암행어사로 활약하면서 부정한 관리들을 적발하여 가난한 백성을 구제하는 데 힘썼다. 이런 귀감이 된 인물은 흔치 않았기 때문에 암행어사 박문수가 많은 시간이 지났음에도 불구하고 오늘날에도 회자되고 있다고 생각한다.

올해 2021년 10월 13일 암행어사 박문수 탄신 330주년을 앞두고 향후 부정부패 척결의 상징이며 오늘날에도 인물설화가 최고 많이 회자되고 있는 박문수의 체계적인 연구와 문화유적 정비 등 본격적인 암행어사 박문수에 대한 진정한 관심도와 함께 재조명이 시의적절한 시점이다.

마침 지난해 11월 14일 암행어사 박문수가 이룬 큰 업적을 본격적인 연구는 물론 청렴과 위민정신을 기리고 홍보 역할을 하기 위해 암행어사 박문수가 태어난 평택시 진위면에 '암행어사박문수문화관'을 개관했다.

요즘 진심으로 국가와 국민을 위해 노력하는 청렴과 국민을 사랑하는 헌신적인 위민정신은 시공을 떠나서 공직자 및 공기업 임직원의 기본자세라고 생각한다.

그러함에도 불구하고 최근 일부 공직자 및 공기업 임직원의 대표적인 부조리로 신도시 땅 투기 등 청렴의 덕목이라곤 찾아볼 수 없는 세상이다.

암행어사 박문수의 청렴과 위민정신을 어떻게 계승하면 될까?

우선, 암행어사 박문수가 환생해 전국 각 지역을 돌며 민심을 살피고 토착 비리를 척결해 주고 공직자의 기강과 함께 한심하고 부패한 공직자와 공기업 임직원을 싹쓸이해주었으면 하는 마음 간절하다.

둘째, 우리나라 역사적으로 많은 위인이 있었지만, 백성들에게 정의의 사도 등 수많은 수식어가 따라다니는 캐릭터와 함께 인물설화가 제일 많은 암행어사 박문수를 중심으로 역사문화교육 공간 '암행어사 테마파크' 체험 학습장 조성이 필요한 시점이다.

셋째, 암행어사 박문수의 청렴과 위민정신을 기리는 아카데미 운영을 하면서 공직자 및 기업인의 청렴과 윤리경영 교육은 물론 청소년을 위한 암행어사 박문수의 나라 사랑과 국민을 위한 해학이 넘치는 프로그램도 진행되었으면 바람이다.

넷째, 암행어사 박문수의 리더십과 위민정신을 본격적으로 연구와 함께 승화시키기 위해 경기도민과 평택 시민들은 박문수의 거룩한 위민정신과 수백여 개 야담을 보존과 함께 발전시킬 책무를 가져야 한다.

끝으로, 필자는 향후 암행어사 박문수의 청렴과 위민정신을 이어받아서 사사로운 감정을 접고 공정하게 공과 사를 구별하면서 국가와 국민만을 진정 사랑하는 멋지고 통 큰 인물이 조만간에 탄생하길 기대한다.

[출처] 경기데일리 | 2021.03.16. 장승재

http://m.ggdaily.kr/a.html?uid=97281

경기도 역사 인물 암행어사 박문수의 관광 상품화

"암행어사, 출두요~"

이 외침은 TV 방송국 드라마 연속극 사극에서 민중이 관아에서 곤경에 빠진 백성의 문제를 해결하는 장면에서 많이 등장하는 낮익은 소리다. 특히 우리가 잘 아는 춘향전에서 나오는 성춘향이 변사또와 수청 문제로 어려움이 처해 있을 때 암행어사 출두요! 하며 이몽룡이 암행어사로 나타나 성춘향과 재회의 해피엔딩이 가장 익숙한 장면으로 연상된다.

어사 중 암행어사의 대표적 인물, 박문수가 도내 평택시 진위면 봉남3리(진위현 향교동)에서 1691년 9월 8일 (음력) 태어나 유년시절을 보내고 1756년 4월 24일(음력) 서울에서 66세에 돌아가시고 200여 년 후 고령박씨 집성촌 천안시 동남구 북면 은지리 은석산 정상으로 이장해 모셔져 있다.

평택에서 태어난 위대한 조선 후기 청백리 정치인 박문수가 암행어사의 대명사 상징으로 각인 계기가 된 것은 곤경에 빠진 백성의 문제를 해결사 역할을 하였다.

또한, 수령 또는 아전, 토호세력들의 비리를 발견하면 뛰어난 실무 능력을 발휘했고 권력에 굴종하거나 주위의 눈치를 보지 않고 가차 없이 응징하고 오직 백성만을 가장 먼저 생각했기 때문이라고 생각한다.

올해 2021년 10월 13일 암행어사 박문수 탄신 330주년을 앞두고 향후 부정부패 척결의 상징이며 오늘날에도 인물설화가 최고 많이 회자되고 있는 박문수의 체계적인 연구와 문화유적 정비 등 본격적인 암행어사 박문수에 대한 진정한 관심도와 함께 재조명이 시의적절한 시점이다.

마침 지난해 11월 14일 어사 박문수가 이룬 큰 업적을 본격적인 연구와 청렴과 위민정신을 기리고 홍보 역할을 하기 위해 어사 박문수가 태어난 평택 진위면에 '암행어사박문수문화관'을 개관한 바 있다.

암행어사 박문수를 활용한 경기도와 평택시의 역사 인물 관광 자원화는 국내·외 관광객을 유치하기 위한 멋진 큰 관광소 재이다. '암행어사 박문수'는 귀중한 자원으로 우리 경기도와 평택의 정체성 있는 대표 브랜드가 될 수 있다고 확신한다.

민선 지자체 이후 역사 인물을 지역의 관광자원으로 활용하고 있는 것이 대세다.

전남 장성 홍길동 테마파크, 완도는 해상왕 장보고, 홍성은 한용운의 만해축제를, 평창은 소설 메밀 꽃 필 무렵의 실제 배경지로 효석문화제, 영월의 단종문화제, 여주 명성황후제, 남양주의 다산 정약용의 다산문화제, 서울 양천의 의성 허준축제, 암행어사 출신 추사 김정희를 선점하기 위해 과천시, 예산시, 제주도가 온 힘을 쏟고 있다.

경기도와 평택시의 관계기관도 '암행어사 박문수'란 너무 소중한 역사인물 자원을 관광 상품화하는데 적극적으로 노력해 주길 기대한다.

우리나라 역사적으로 많은 위인이 있었지만, 백성들에게 정의의 사도 등 수 많은 수식어가 따라다녀 캐릭터가 확실한 암행어사 박문수가 도내 평택시 진위면에서 나서 성장했다는 사실에 많은 경기도민 및 평택시민들이 간과하고 있다.

암행어사 박문수는 전국 구비문학에 연관된 야담이 300여 개가 전수될 정도로 오랫동안 민중 속에 넉넉한 해학과 기민한 재치를 보여주고 곤경에 빠진 백성의 문제를 해결사 역할을 한 살아 숨 쉬는 인물이다.

요즘 세상에 진심으로 필요한 캐릭터! 스토리가 대단한 슈퍼 히어로 암행어사 박문수는 경기도 및 평택 출신으로 역사 인물 문화관광 자원화의 청렴과 위민정신은 시공을 떠나 탄생할 수 있는 자랑스러운 보배라는 것을 명심하자.

[출처] 경기일보 | 2021.05.02. 장승재
http://www.kyeonggi.com/2360965

평택 옛 중심지, 진위면 관광 상품 개발

진위는 평택의 옛 중심지 고을이었다. 옛 고을답게 평택의 23개 읍·면·동 중에서 경쟁력 있는 역사문화 및 자연 생태계와 함께 다양한 여러 자원을 보유하고 있다. 따라서 진위만의 자원을 밑바탕으로 관광 상품을 개발해 진위면 일대에 사람들이 모이게 해야 한다고 본다.

진위 같은 도·농 통합 도시에 관광을 도입해서 생동감과 활력이 넘치게 하기 위해서는 진위의 고유한 이미지를 구축하고 역사 인물과 주변 관광지를 연계해서 농·특산물을 소득 자원화 함으로써 지역경제 활성화에 기여해야 한다.

우선 진위의 지형은 전형적인 배산임수로 평택의 고봉인 무봉산과 진위천이 관통하고 있다. 조선 시대 교육기관 진위향교와 함께 진위초등학교는 1899년에 설립된 평택지역 근대교육의 발상지이다. 무봉산 줄기에는 천년고찰 만기사도 있다.

역사 인물로 조선왕조의 개국 설계자인 삼봉 정도전 기념관과 인근 도일동에서 출생한 조선 중기 임진왜란 당시 명장 원균 장군의 묘와 기념관이 있다. 견산리에는 1691년 봉남리에서 태어나고 자란 조선 시대 슈퍼스타 암행어사 박문수의 얼을 기리기 위한 '암행어사박문수문화관'을 지난해 11월 개관돼 운영 중이다.

주변 관광지로는 옛 1번 국도인 삼남길과 이순신 장군 백의종군 길과 함께 평택 섶 길 그리고 진위천 따라 걷기코스가 제대로 정비돼 이용객들이 많다. 또한, 진위천 유원지에서 야영과 캠핑촌 시설이 잘 정돈돼 있다. 평택에서 유일하게 단체 관광객들이 숙박할 수 있는 무봉산 청소년수련원이 있다. 진위 서남쪽으로 오산 공군기지(K-55) 송탄관광특구에서 이국적인 광경을 볼 수 있다. 진위 농·특산물로 토마토, 애호박, 오이 등 각종 채소가 주목받고 있다.

위에서 열거한 자원을 활용해서 '암행어사 박문수 출도야~ 평택 진위의 조선 역사문화와 관광특구 여행' 상품을 출시했다. 이 프로그램은 약 2천여 년 평택의 중심지 진위면(진위현) 인근의 역사 인물 문화자원인 조선 시대 개국공신 삼봉 정도전의 민본정치 사상, 중기 임진왜란의 선무 일등공신 원균 장군 가족의 나라 사랑과 희생정신, 후기는 청렴과 오직 백성만을 사랑한 어사의 대명사 박문수의 위민정신 계승과 수려한 경관 진위천 그리고 송탄관광특구를 방문하는 것으로 약 7시간 소요되는 일정이다.

끝으로 필자는 진위의 차별화되고 경쟁력 있는 조선 시대 초·중·후기 인물인 정도전·원균·박문수의 얼을 계승하고 그간 조용하고 정적인 진위면이 향후 수도권의 관광객을 유치해서 생동감 넘치는 평택관광에 대한 분위기 조성과 지역경제 활성화 계기를 기대해 본다.

[출처] 평택문화신문 | 2021.06.13. 장승재

http://www.ptcn.co.kr/news/view.php?idx=1910

암행어사 박문수의 위민정신은 시공을 초월한다

요즘 같은 시국에 박문수 선생의 위민정신이 유난히 그립다. 영성군 박문수 선생의 본관은 고령박씨이고 외가는 진위 봉남리의 경주이씨 집성촌이며 백사 이항복의 현손이 어머니이고 소사동에 있는 대동법시행기념비 대표 인물 잠곡 김육 선생 고손녀 청풍김씨가 처가이다.

즉 박문수 선생이 암행어사의 상징이며 조선 시대의 히어로로 발돋움되기까지는 고령박씨의 가풍과 함께 외가인 경주이씨 집안의 물심양면으로 절대적인 성원이 있었고 아울러 처가 쪽 청풍김씨의 개혁 정신의 융·복합적인 관계였기에 가능했다고 본다.

아울러 박문수 선생의 태어난 진위의 지리적 조건이 평택에서 최고봉인 무봉산과 대표적인 하천 진위천의 정기를 받고 태어나 어머니의 청렴 정신을 받고 자랐기에 암행어사의 대명사로 실현가능했다. 특히 박문수 선생이 중앙 벼슬길에 진출하고 영조와 깊은 인연을 맺으며 관료 생활의 평생토대를 마련하는 과거 시「낙조(落照)」도 전하는 여러 설화가 있지만 진위천에서 바라본 저녁노을의 영감에서 유래되었다는 것이 제일 설득력이 있다.

국민을 사랑하는 헌신적인 위민정신은 국가와 국민을 위해 노력하는 공직자 및 공기업 임직원의 기본자세이다. 그러함에도 불구하고 최근 일부 공직자 및 공기업 임직원의 대표적인 부조리로 신도시 땅 투기 등 청렴과 위민의 덕목이라곤 찾아볼 수 없는 세상이다.

그런 면에서 지난 10월 8일 박문수 선생 탄신 330주년을 앞두고 암행어사박문수문화관에서 최초로 개최된 '암행어사 박문수의 정신은 시대적 요청이다' 주제의 세미나는 박문수 선생의 위민정신에 대하여 재조명할 수 있는 매우 뜻 깊은 자리였다.

필자는 박문수 정신은 국가와 주군(영조)에 대한 충정어린 충성(忠誠)심, 조부, 백부, 부친, 조모가 3년 내에 죽고 이로 인해 어머니의 교육을 받은 청렴(淸廉)한 자세, 백성의 말을 듣고 아픔을 공유하는 지도자다운 소통(疏通)력, 책상머리가 아닌 백성들의 삶의 현장에서 부대끼면서 업무를 처리한 실천(實踐)력과 오직 백성만 사랑하는 위민정신 등 다섯 가지로 요약할 수 있는데 이중에서 지난 과거나 오늘날 현대에도 시공을 떠나 초월하는 한마디로 말하면 위민(爲民)정신이라고 본다.

암행어사 박문수 위민정신을 어떻게 계승해야 될까?
첫째, 우리나라 역사적으로 많은 위인이 있었지만 백성들에게 정의의 사도 등 수많은 수식어가 따라다니는 캐릭터와 함께 인물

설화가 제일 많은 암행어사 박문수를 중심으로 역사문화 교육 공간 「암행어사 테마파크」 체험학습장 조성이 필요한 시점이다.

둘째, 암행어사 박문수의 충정어린 충성심과 위민정신을 기리는 아카데미 운영을 하면서 공직자 및 기업인의 청렴과 윤리 경영 교육은 물론 청소년을 위한 암행어사 박문수의 나라사랑과 국민을 위한 해학이 넘치는 프로그램도 진행되었으면 바람이다. 마침 암행어사박문수문화관은 조선개국의 기획자 삼봉 정도전, 대동법 시행기념비의 잠곡 김육 선생과 임진왜란의 원균 장군 그리고 암행어사 박문수를 연계한 '평택의 조선시대 역사인물 현장탐방' 프로그램을 출시한다.

셋째, '민심(民心)을 알아야 천심(天心)이 보인다'고 한다. 암행어사 박문수가 태어난 평택에서는 평택시청을 비롯한 관공서부터 '민간암행어사' 제도를 도입해서 시민과 함께 훌륭하게 활동을 개시해서 평택하면 대한민국 최고의 청렴한 도시로 인식되었으면 바람이다.

끝으로, 평택은 박문수 선생의 청렴과 위민정신을 계승해서 사사로운 감정을 접고 공정하게 공과 사를 구별하면서 국가와 시민만을 진정 사랑하는 멋지고 통 큰 의인과 함께 공직자가 넘쳐나길 기대한다.

[출처] 평택시민신문 | 2021.10.20. 장승재
http://www.pttimes.com/news/articleView.html?idxno=62941

민간암행어사 제도를 도입하자

2022년은 선거의 해이다. 3월 대선과 6월 지방선거는 위민 정신을 떠올리게 한다. 위민 정신하면 평택 무봉산과 진위천의 정기를 받고 진위면 봉남리에서 태어나고 자란 어사 박문수를 빼놓을 수 없다. 조선 후기 17~8세기 인물인 박문수 선생이 300여 년이 지난 오늘날에도 어사하면 박문수라고 떠올리게 하는 것일까? 박문수 선생은 오직 백성만을 생각하며 어렵고 힘든 백성들의 눈높이에 맞게 '위민爲民' 정치를 했기 때문이라고 생각한다.

오늘날 평택은 56만 인구의 도시로 전국에서 15번째, 경기도로는 아홉 번째에 해당하는 대도시로 성장했다. '민(民)'과 '관(官)'은 혼연일체가 돼 평택의 발전을 위해 밤낮으로 노력하고 있다. 그 예로 최근 어느 지자체는 부정한 일로 언론에 도배되고 있는 반면, 평택은 좋은 소식을 전하는 언론보도가 더 많은 것을 보면 알 수 있다.

이러한 상황에서 민간암행어사 제도를 도입하면 어떨까? 박문수 선생의 청렴과 위민 정신을 계승해 대한민국 최고의 청렴한 공직사회와 도시로 떠오르기 위해 민간암행어사 제도의 도입을 적극 검토해야 한다. 민간암행어사 제도는 경상남도가 2012년 전국 최초로 공직자의 비위근절을 위해서 감사부서

인력만으로는 한계가 있어 민·관 감찰네트워크를 구축·시행해 9년째 운영하고 있다. 기초자치단체로는 거창군과 사천시, 하동군, 창녕군, 광주광역시 광산구 등에서 시행하고 있다. 이외에도 순천시는 시민암행어사 제도를, 광주광역시 남구는 민원암행어사 제도를 운영하고 있다.

여러 지자체에서 시행 중인 민간암행어사 제도는 공무원과 업체 간의 결탁 등 비위 감시, 부당한 민원 처리, 생활민원 지연 사항 등 시민 불편사항을 해소하는 효과를 얻고 있는 것으로 나타나고 있다. 따라서 민간암행어사를 도입할 경우 공직자의 금품·향응 수수, 인허가 부당처리, 각종 사업장 부실공사 등 조직 내부의 근원적인 비리와 주변 생활, 시민 위에서 군림하려는 공무원 등 불편사항에 대해 정보를 수집하고 제보함으로써 깨끗하고 당당한 시정 만들기에 크게 이바지할 것으로 기대한다.

민간암행어사는 명예직으로 하며 거주 읍·면·동 별로 실정에 밝고, 청렴결백하며 행정에 대한 식견과 활동 경험이 풍부한 사람이어야 한다. 이들 중 전문지식과 주요 경력 등을 고려해 공직감찰에 대한 사명감과 정의감이 투철한 시민으로 25여 명 정도 균형 있게 선발해 운영하는 것이 어떨까. 민간암행어사 제도에 대해 내년 6월 지방선거에 출마하는 시장 후보나 경기도의원 후보, 평택시의원 후보들이 지대한 관심을 가져주길 희망한다.

필자는 우리 평택시가 어사 박문수가 태어난 지자체답게 박문수 선생의 청렴과 위민 정신을 계승해 깨끗하고 당당한 지자체로 부상하기에 충분하리라 생각한다. 따라서 평택시가 위민의 도시로 도약할 수 있도록 민간암행어사 제도를 도입하자. 현재보다 더욱 값진 청렴한 공직사회를 만들기 위해 내년 6월 지방선거, 민선 8기부터 민간암행어사 제도를 도입해 모범적으로 시행하길 강력히 주장한다.

[출처] 평택시사신문 | 2021.12.15. 장승재

http://www.ptsisa.com/news/articleView.html?idxno=34749

암행어사 박문수의 리더십은 현장(現場)이다

　암행어사 박문수는 평택 진위 봉남3리(아곡마을)에서 1691
년 경주이씨 어머니에서 태어나 5세에 서울로 이사 간 후 1723
년(경종3) 33세에 진위천 배경「낙조(落照)」라는 시제로 증광문
과에 급제하고 1724년 1월 세자시강원 설서에 임명과 동시에
영조와 인연을 맺고 1728년(영조4) 이인좌난을 진압해서 분무
공신 2등 책록으로 영성군에 봉해졌다.

　1730년 대사간, 예조참판, 대사성, 도승지 등 판서직(병조판서,
형조판서 각각 2회, 호조판서, 예조판서) 관찰사(경상도관찰사, 함
경도관찰사, 황해도수군절도사, 경기도관찰사, 한성판윤) 등, 그리
고 네 차례 별건어사(1727년 영남안집어사, 1731년 영남감진어사,
1741년 북도진휼사, 1750년 관동영남균세사) 역임을 했다.

- 왜, 암행어사 하면 박문수일까?

　박문수는 고위직에 있으면서도 백성 편에 서서 일을 처리하였으
며 오로지 백성을 위해 기득권을 내려놓자는 백성의 말을 듣고 아
픔을 공유하는 지도자였다. 또한 백성의 아픔을 경청하고 배려하고
소통하는 사회가 필요로 하는 진정한 지도자로 지방 수령 또는 아
전, 토호세력들의 비리를 발견하면 뛰어난 실무능력을 발휘하여 권
력에 굴종하거나 주위의 눈치를 보지 않고 가차 없이 응징하였다.

아울러 박문수는 정치 관료로서 당색이 분명했으나 적대논리에 빠지지 않은 행적과 이론에 경도되지 않고 뛰어난 실무 능력을 발휘하였을 그뿐만 아니라 권력에 굴종하거나 주위의 눈치를 보지 않은 것이다.

박문수는 주로 중앙에서 활동하며 영조 임금의 총애를 받으면서 그 시대의 재정 문제를 진두지휘한 유능한 관료였다. 그는 왕실의 이익은 물론 백성의 이익도 함께 생각하는 좋은 재정 전문가였다. 흉년이 들어 경기불황이 되면 백성들에 대한 식량 지원을 주도함으로써 서민 경제를 살리는 데도 앞장섰다. 양역(良役)의 폐단을 개혁했을 뿐만 아니라 탁지정례(託支定例)제도를 만들어 국가의 재정을 튼튼히 했고 오로지 고통 받는 백성을 위해 살신성인의 자세로 초지일관 하였다.

특히, 군정(軍政)에 밝아 문신으로 관료를 지내면서 병조판서 2회, 황해도수군절도사. 당시 행정권, 사법, 병권을 소지한 관찰사(경상도, 함경도)와 한성판윤을 역임하면서 국방의 전문가로 활동하게 됨을 알 수 있다.

우리는 크고 작은 조직의 리더를 평할 때 일반적으로 용감해서 용장(勇將), 인덕을 갖춘 유형 덕장(德將), 머리 좋아 지혜로운 유형 지장(智將) 더 나아가 현명한 유형 현장(賢將), 운이 따르는 장수유형 운장(運將), 신이 도와준다고 신장(神將)이라고 재미있게 표현한다.

- 박문수 리더십의 현장(現將)이다

필자는 용장(勇將), 덕장(德將), 지장(智將), 현장(賢將), 운장(運將), 신장(神將)등 7가지의 리더십을 융·복합적으로 다 포함된 인물을 현장(現將) 이라고 본다. 즉 박문수 선생이야말로 전국 각지 현장(現場)에서 암행어사 활동하며 백성만을 위해 어려운 여건 하에서도 현실을 중요시하면서 기꺼이 이 한 몸 바친 리더를 감히 현장(現將) 이라고 주장하고자 한다.

물론 현장(現將)이란 단어는 영성군 박문수 선생을 공부하면서 적당한 단어가 어느 사전 및 기록에도 없기에 필자가 지어낸 단어이다. 즉, 역사 속 인물을 보면 현장 경험이 있는 사람들과 그렇지 않은 사람들의 차이가 항상 드러난다. 암행어사 박문수는 높은 관직에 있으면서 백성편이 되어준 정의의 사도로 현장(現場)에서 바로 즉시 나쁜 사람을 벌하고 좋은 사람을 도와주는 영웅이자 우상이었다.

박문수 선생이 시공을 떠나 오늘날에도 회자되고 있는 이유는 옳다고 생각하면 임금 앞에서도 굽히지 않는 강직한 성품으로 인하여 모함을 받고 파직과 온갖 고초를 겪기도 했으나 항상 정의의 편에서 약자를 돕고 진실을 규명하는 현장(現將)의 리더십을 발휘했다는데 있을 것이다.

올해는 선거의 해로 다가오는 3월 9일에는 20대 대통령선거가 있었고, 6월 1일에는 제8회 전국동시 지방선거로 광역단체장, 시장, 도의원, 시의원을 뽑는다. 필자는 개인적으로 현장(現將)의 리더십을 발휘할 가능성이 있고 근접한 인물에 귀중한 한 표를 던질 예정이다.

[출처] 경기데일리 | 2022.3.30. 장승재
http://m.ggdaily.kr/a.html?uid=103522

인터뷰

박문수의 청렴과 위민정신은 시공을 초월합니다

- 장승재 암행어사박문수문화관 관장

암행어사 하면 박문수가 자연스레 떠오릅니다. 관련된 TV 드라마는 10편, 영화 4편, 다큐멘터리 3편, 대중가요 11곡, 판소리, 창작오페라 등 박문수를 주제로 한 콘텐츠가 많습니다. 그는 시공을 초월한 인기스타죠.

하지만 정작 박문수의 고장 평택에는 이렇다 할 박문수 관련 콘텐츠가 없어 아쉽습니다. 박문수를 비롯해 다양한 인물과 유적, 문화자원을 스토리텔링하고 문화콘텐츠로 만드는 작업이 필요합니다.

진위현의 인물로 정도전, 원균과 비교해 박문수 콘텐츠는 매우 미약하다. 이에 내 고향의 가치를 제대로 살렸으면 하는 마음에서 평택 출신의 장승재 관장이 '암행어사박문수문화관'을 열었다. 박문수의 위민(爲民)정신과 성품을 적극적으로 알리며 암행어사를 테마로 하는 아카데미, 테마 여행 프로그램, 어사또 길 탐방과 어사또 음식 체험 등의 박문수 관련 콘텐츠 개발에 앞장서고자 한다.

이제 첫걸음을 떼었으니 많은 이들이 힘을 보태 박문수를 제대로 조명하길 기원하고 있다. 암행어사박문수문화관에는 구영국(具永國) 황칠 명인이 그린 박문수 초상화, 조선 시대의 마패, 박문수 관련 아동 서적이 있고, 박문수 문화관 아래층 진다인(031-662-5570)에서는 어사 국밥과 어사 전 등 어사또 음식을 먹을 수 있다. 박문수 외에도 진위현에는 안성 남사당패에게 영향을 준 진위현 출신 인물 '유세기(柳世基)', 보물 제 567호 철조여래좌상을 모신 만기사(萬壽寺), 한양으로 가던 옛길 삼남길과 이순신 백의종군 길, 평택 섶길 등 박문수와 더불어 돌아보면 좋을 장소와 인물, 이야기가 넘쳐난다.

[출처] 여행스케치 | 2021.02.26. 이동미 여행작가

http://www.ktsketch.co.kr/news/articleView.html?idxno=6465

디엠제트 열릴 때까지 낙향해
'어사 박문수' 위민사상 기립니다

- 디엠제트관광 장승재 대표

고향인 평택 진위면 봉남리에 '암행어사박문수문화관'을 마련한 장승재 디엠제트관광 대표.

비무장지대(DMZ) 관광의 개척자로 꼽히는 장승재(64) 디엠제트관광 대표가 고향인 경기도 평택시 진위면에 '암행어사박문수문화관'을 열고 박문수 알리기에 팔 걷고 나섰다.

이유가 뭘까. 지난달 29일 박문수 문화관에서 만난 장 대표는 '2000년부터 디엠제트 관광 사업을 시작해 20년 동안 전념해왔지만 아프리카돼지열병과 코로나19로 막히는 바람에 최근 2년간 관광을 전혀 할 수 없어서'라고 말했다. 그는 서울 마포에 있던 디엠제트관광 사무실을 잠시 접고, 평소 관심 있었던 평택의 역사적 인물인 암행어사 박문수를 만나러 평택으로 내려갔다.

2000년 디엠제트 관광 개척한 선구자

돼지열병·코로나19 등에 막혀 중단

'분단사·평화·생태 유일한 체험현장'

어사 출생지인 평택 진위면 봉남리에

'박문수 문화관' 열고 탄신 330돌 기려

'조선 역사인물 관광특구 여행'등 진행

장 대표는 "디엠제트 관광이 초창기보다 더 어려워졌다. 예전에는 남북관계가 이 정도까지 변수가 아니었는데 지금은 상수로 작용하고 있다"며 "거기다 코로나19와 조류인플루엔자, 아프리카돼지열병, 구제역 등 잇단 전염병으로 전방지역 통제가 계속되니 어떻게 해볼 도리가 없었다"고 말했다.

디엠제트 관광의 상징적 인물이 갑자기 박문수를 들고 나온 게 생뚱맞다는 말에 그는 "어릴 적부터 동네 어르신들한테 박문수 선생에 대해 많이 듣고 자랐다. 나중에 기회가 되면 선생의 충성·위민·청렴·소통·실천 정신을 계승하고 알리는 관광프로그램을 만들어보고 싶었다"고 말했다.

박문수(1691~1756)의 본향은 경북 고령이지만 진위현 향교동(현 평택시 진위면 봉남리)에서 태어나 유년시절을 보냈다. 1727년(영조 3년)에 암행어사로 임명돼 전국을 돌며 탐관오리들을 엄벌해 곤경에 처한 백성들에게 해결사 구실을 했던 전설적 인물이다.

그는 지난달부터 진위면에 자리한 박문수 출생지와 조선왕조 설계자인 정도전 사당, 임진왜란 때 장수 원균의 묘를 연계해 '조선 역사인물 관광특구 여행' 프로그램을 운영 중이다.

오는 26일부터 다음달 24일까지 매주 토요일 총 15강좌로 '제1기 암행어사 박문수의 위민실천 리더십 아카데미'를 열 예정이다. 이어 선생 탄신 330돌을 맞는 10월에는 '암행어사 박문수 선생의 위민사상'이란 제목의 세미나도 열 계획이다.

장 대표는 "많은 시간이 지났음에도 암행어사 박문수가 오늘날에도 회자되고 있는 것은 이 시대를 살아가는 사람들에게 귀감이 되는 흔치 않은 인물이기 때문"이라며 "공직자들이 그의 청렴과 위민정신을 본받아 권력의 눈치를 보지 않고 국민을 위한 정책을 펼쳐나가길 바란다"고 말했다.

장승재 디엠제트관광 대표는 코로나19 사태가 잠잠해지는 대로 다시 비무장지대로 달려갈 채비를 하고 있다.

코로나19가 잠잠해지면 언제든 다시 디엠제트로 달려갈 예정인 그가 애초 디엠제트에 관심을 갖고 공부를 시작한 것은 한국관광공사에 재직하던 1989년부터다. 이후 1997년 공사를 퇴직하고 디엠제트 관광에 본격적으로 나선 그는 2005년 강원도 양구 두타연 트레킹, 2007년 경기도 연천 열쇠전망대 철책선 걷기, 2008년 디엠제트 평화벨트 동서횡단, 2016년 임진강 역사문화 탐방 등 수많은 프로그램을 기획해 운영해왔다.

특히 2007년 7월~2013년 5월까지 운영한 '연천 열쇠전망대 인근 남방한계선 철책선 1㎞걷기'는 큰 인기를 끌면서 디엠제트 체험관광의 새 영역을 개척한 것으로 평가받았다.

그는 아무도 눈여겨보지 않은 디엠제트 관광을 시작한 동기에 대해 "특정한 지역에 한국의 현대 분단사가 압축돼 있는데 사람들이 잘 모르고 지나친 것 같아 안타까웠다. 디엠제트를 알리고 싶었다"고 했다.

장 대표는 디엠제트의 대표적 관광자원으로 강화~김포~파주~연천~철원~화천~양구~고성에 걸쳐 조성된 11개 전망대를 꼽았다.

"북녘 땅을 직접 보지 않고 평화를 이야기할 수 없어요. 북한을 직접 봐야 평화·통일·생태의 중요성을 느낄 수 있습니다. 디엠제트 관광이라 하면 보통 땅굴과 전망대를 말하는데, 안보적 측면만 강조하는 땅굴과 전망대는 달라요. 둘을 똑같이 안보관광 세트로 보면 안 됩니다."

장 대표는 4·27 남북정상회담 이후 파주·철원·고성에서 잠시 운영하다 중단된 '디엠제트 평화의 길'이 앞으로 10개 시·군으로 확대되면 디엠제트 체험의 대표 프로그램이 될 것으로 내다봤다. 그는 "문재인 정부가 평화의 길을 만든 것은 대단한 용기"라며 "평화의 길은 단순히 걷는 것이 아니라 평화·통일·생태·남북관계를 생각하고 의지를 다지는 관광자원이 될 것"이라고 기대했다.

그는 디엠제트 관광 개발이 생태 환경을 훼손한다는 지적에 대해 "디엠제트는 평화와 생태 관광을 동전의 양면처럼 함께 체험할 수 있는, 전국은 물론 전 세계에서 유일한 곳"이라며 "보전을 위해서라도 현장을 가봐야 하고, 사람을 오게 하려면 기본 시설이 필요하다"고 했다.

장 대표는 2018년 개발해 3번 운영하다 중단한 강원도 화천·춘천·홍천을 묶은'북한강 3천 투어'를 재개할 채비를 하는 한편, 경기도 포천·연천·동두천을 묶은 '한탄강 3천 투어'도 준비 중이다.

[출처] 한겨레신문 | 2021.06.08. 김경애/박경만 기자

https://www.hani.co.kr/arti/society/society_general/998385.html

장승재 암행어사박문수문화관 관장, "박문수는 勇將·德將·智將·賢將·運將·神將 융합한 '現將'"

- 장승재 암행어사박문수문화관 관장

Q: 문화관 설립 취지와 의미는 무엇인지요?

A: 저는 어릴 적부터 고향인 평택 어르신들로부터 조선시대 역사인물 암행어사 박문수 선생에 대해서 듣고 자랐습니다. 암행어사 박문수 선생은 대한민국의 역사적 인물 중에서 최고의 슈퍼스타라고 생각합니다. 그러함에도 불구하고 암행어사 박문수에 대한 현주소는 너무 참담합니다. 역사 인물 박문수에 대한 본격적인 연구시도 되지 않은 상태이고, 정치 관료로 보여준 치적에 비해 사후 박문수에 대한 평가가 제대로 이루어지지 않는 실정입니다.

암행어사박문수문화관을 평택 진위에서 출생한 곳에 설립, '암행어사의 메카'로 적극 활용하고 정신적 고귀한 문화유산 자원인 암행어사 영성군 박문수 선생의 얼을 기리고자 지난해 11월 개관했습니다. 벌써 개관 1주년이 다가오네요. 문화관을 통해 암행어사 박문수의 정체성과 홍보관의 플랫폼 역할을 하고 암행어사 박문수 선생의 종합 인적 네트워크 구축하는데 의미가 크다고 말할 수 있겠습니다.

Q: 문화관의 특별한 전시와 프로그램은 무엇인지요?

A: 저희 암행어사박문수문화관은 박문수관, 암행어사 및 암행어사 박문수 관련 도서자료관, 교육관, 진위지역 특산물 위탁판매장, 암행어사 박문수 선생이 병조판서를 두 번이나 역임한 것을 착안해 제가 그동안 공부한 DMZ관 등으로 구성되었는데요. 어사 박문수의 흔적과 스토리를 접목한 프로그램으로 암행어사 박문수길 걷기와 함께 체험거리로 마패 만들기, 붓글씨체험, 등을 운영하고 있습니다.

Q: 소위 '박문수 정신'은 무엇이고 현 시대 상황에 어떤 역할을 할 수 있을까요?

A: 저는 박문수 정신, 한마디로 '얼'은 충성과 충정, 청렴, 위민, 실천, 소통이라고 생각합니다. 국가와 영조에 대한 충성과 충정심, 고위 관료로 모범되는 청백리 같은 청렴정신 그리고 암행어사 및 관료로 활동하면서 우직한 백성들과 소통하면서 오직 백성만을 생각하는 위민사상을 현장에서 실천하였다는 사실에 중요한 방점을 두고 싶습니다. 따라서 비록 약350 여 년 전의 인물이었지만 21세기 오늘날에도 공직자로 청렴과 국민만 보고 현장에서 업무에 열중하는 자세와 모습은 변함이 없어야 한다. 즉 청렴과 위민 및 현장의 소통 정신은 시공을 초월한다고 생각합니다.

Q: 개관 이후 현재까지 성과는 무엇인지요?

A: 저희는 암행어사박문수문화관을 개관이후 박문수 선생을 위시해서 평택북부 진위지역 삼봉 정도전 기념관과 원균장군 기념관 및 묘를

연계해서 현장투어 프로그램을 개발해 운영 중에 있고 평택북부 진위지역 관광객 유치에 노력하고 있고 지역특산물 홍보에 열중하고 있습니다. 두 번째는 암행어사 박문수 선생에 관심 있는 분들을 대상으로『제1기 암행어사 박문수 위민실천 리더십 아카데미』5주 15강좌를 강사님들의 재능기부를 받아 운영하면서 교육생으로 부터 많은 관심과 호응에 힘입어 내년부터 연중 상하반기 2회에 걸쳐 아카데미를 진행할 예정입니다. 아울러 그동안 박문수 출생지가 분분하였지만 확실하게 평택 진위라는 사실에 지역주민들에게 인식을 심어주었을 뿐만 아니라 자부심을 심어주었다는 것에 보람을 느낍니다.

Q: 영조 임금이 박문수에 대해 각별한 사랑이 있었다고 하는데요?

A: 맞습니다. 박문수는 영조의 절대적인 신임아래 오직 나라의 충성과 백성을 위한 위민정신을 실천하면서 66여년의 인생을 마감했다고 생각할 정도 입니다. 영조와 박문수는 분명히 군신관계이지만 특별한 콤비플레이어로 영조가 박문수에 대한 진정한 사랑의 표시를 했는데요. 두 사례를 통해 알 수 있습니다. 첫째는 박문수(영성군)가 1756년 4월 23일 죽었을 때 영조는 아! 영성(박문수)이 춘방에 있을 때부터 나를 섬긴 것이 이제 이미 33년이다. 자고로 군신 중에 비록 제우한 경우가 있기는 하지만 우리 두 사람만한 관계가 있으랴? 나의 마음을 아는 사람은 영성이며 영성의 마음을 아는 사람은 나였다"며 가슴 아파했고, 두 번째는 홍제전서 21권 22대왕 정조 산문집을 보면 영조는 박문수를 평하길 "잠 잘 때 외에는 경(박문수)을 생각한다"고 돼 있는데 이것은 영조와 박문수는 사나이 중에 사나이 진짜 사나이의 관계였다고 설정하면 지나침이 없다고 여겨집니다.

Q: 박문수 선생의 인간적 매력은 무엇이라고 보는지요?

A: 구전설화 1만5천여 편 모아놓은 '한국구비문학대계' 인물 설화 중에서 어사 박문수가 가장 많은 210여 편 차지함으로써 인간적인 매력을 느끼지 않을 수 없는데요. 역시 박문수 선생은 정치 관료로서 행적은 당색이 분명했으나 적대논리에 빠지지 않은 이론권력에 굴종하거나 주위의 눈치를 보지 않음 적대논리에 빠지지 않은 사나이의 기백을 들 수 있겠습니다. 두 번째로 앞일에 큰 비전을 가지고 적극적인 정책을 제안을 주창한 개혁가로 실무와 풍부한 현장경험을 갖춘 세무 및 군사행정 전문성과 추진력으로 철저히 백성들의 편에 서서 곤경에 빠진 문제를 해결해주는 백성을 위한 정책을 입안해서 위민정신을 실천했다는 사실이라고 생각합니다. 세 번째는 '암행어사'의 대명사로 조선시대 암행어사 전설'이란 사실인데요. 가난한 백성들의 영웅, 백성들의 슈퍼히어로로, 힘없는 백성들의 삶을 보살핀 해결사, 청렴한 관료의 상징, 세제개혁 통한 애민(愛民)실천의 명판관 등 박문수의 별칭만 봐도 암행어사 업무에 충실함에 인간적인 매력을 느끼게 됩니다.

Q: 암행어사 박문수의 리더십에 대한 견해는 어떠한지요?

A: 우리는 크고 작은 리더를 평할 때 용감해서 용장, 덕이 많아 덕장, 머리 좋아 지장이라고 크게 분류합니다. 더 나아가서 현명해서 현장, 운이 따른다 해서 운장, 신이 도와준다고 신장도 있다고 재미있게 표현합니다만 저는 영성군 박문수 선생이야말로 勇將, 德將, 智將, 賢將, 運將, 神將 등을 다 융·복합적으로 다 포함된 전국 각지 現場에서 암행어사 활동과 백성만을 위해 어려운 여건

하에서도 현실을 중요시하면서 기꺼이 이 한 몸 바친 現將 이라고 감히 주장하고자 합니다. 물론 現將이란 리더십은 없지만 영성군 박문수 선생을 공부하면서 제가 지어낸 리더십의 단어인데 적절한 표현인지 모르겠습니다.

Q: 암행어사 박문수에 대한 세미나를 개최하는 것으로 알고 있는데요?

A: 예. 그렇습니다. 다가오는 10월 13일(음력 9월 8일)이 영성군(시호) 박문수 선생의 탄신 330주년을 앞두고 10월 8일 오후 2시에 진위도서관 세미나실에서 '암행어사 박문수 선생은 무엇을 남겼는가?' 주제로 제가 발표하며 각계 전문가를 토론자로 초대해서 박문수 선생에 대한 세미나를 개최합니다. 암행어사 박문수관련 수많은 서적, TV 연속극, TV다큐, 대중가요 등은 있었던 것에 반해 박문수의 정신과 얼을 이어받기 위한 토론의 자리는 한 번도 없었던 것으로 사료됩니다. 이번 토론회를 통해 암행어사 위민사상과 리더십이 재조명되고 세미나 이후 '암행어사박문수학'이 탄생되길 기대합니다.

Q: 암행어사 박문수 관련 책을 출간하신다는 말씀을 들었는데 어디까지 진척되었나요?

A: 예. 많이 부족합니다만 그간 공부하고 먼저 연구한 논문과 도서 등을 참고해서 팩트를 중심으로 내년 22년 1월 중에 박문수의 청렴과 위민정신 등을 바탕으로 『위대한 한국인, 암행어사 박문수』란 책자를 출간해서 암행어사 박문수를 홍보할 예정인데 많은 관심과 사랑을 부탁합니다.

Q: '장승재' 하면 DMZ관광으로 널리 알려진 우리나라 DMZ관광의 최고전문가 이신데요?

A: 예, 그렇게 높이 봐주시어 고맙습니다. 사실 제가 1989년부터 판문점과 DMZ를 드나들면서 공부한 것이 올해로 벌써 32여 년째가 됩니다. 그동안 나름대로 제 자신의 모든 것을 바쳐서 노력하여 정말 미치도록 열심히 관광 상품을 개발했고 DMZ관련 각종 이벤트를 진행하면서 DMZ관광 국내외 홍보에 기여해왔다고 주위 분들한데 인정을 받아왔고 제자신도 자부해 왔습니다. 그런 와중에 아시다시피 2019년 10월부터 접경지역 일원에 돼지열병과 2020년 코로나19로 인해 DMZ접경지역 완전 통제된 상황에서 고향인 평택관광에 작은 힘이나마 기여코자 평택관광포럼 설립을 주도하였고 오래전부터 암행어사박문수문화관 개관 준비해 온 것을 실천에 옮긴 것이고 그동안 DMZ관광에 올인했다면 앞으로 DMZ관광 50%, 암행어사박문수문화관 50% 비중을 두면서 더욱 분발토록 하겠습니다.

Q: 향후 어떤 계획을 갖고 있는지요?

A: 암행어사박문수문화관은 모든 면에서 출발점에 서있고 지금부터 시작입니다. 여러 계획 중에 암행어사 박문수 정신과 얼을 이어받기 위한 다방적 인사 네트워크 구축을 위한 전국적인 암행어사박문수포럼 설립을 준비 중에 있습니다. 박문수 선생에 대한 선양사업 일환으로 박문수 종합 연구, 암행어사 및 어사제도 연구, 암행어사 박문수 야담 및 설화 문화 전승 가교 역할, 암행어사 박문수에 대한 과제로 정치 관료로서 박문수에 대한 본격적 재조명, 연구집

간행, 암행어사 아카데미 운영, 박문수 재조명 세미나 개최, 생가터 복원, 동상 건립, 암행어사 테마파크 등을 중장기적으로 추진할 계획 입니다. 아울러 코로나19가 완화되고 정상적인 활동 시에는 박문수 선생을 활용한 프로그램을 박문수 선생의 설화가 있고 묘소가 있는 안성과 천안을 묶어서 다방적인 현장 답장 역사문화 프로그램을 운영할 계획이란 말씀을 드립니다.

[출처] THE PEOPLE | 스페셜인터뷰, 2021.09.30. 정규진 기자
http://www.ithepeople.kr/news/articleView.html?idxno=20703

장승재 암행어사박문수문화관 관장
"박문수는 평택의 자랑스러운 보배"

- 장승재 암행어사박문수문화관 관장

"암행어사박문수문화관을 시작으로 연구가 많지 않았던 박문수의 위민정신을 널리 알리고 싶습니다."

조선 후기 어사로 이름을 날린 박문수를 모르는 한국인은 없지만 그가 평택에서 출생했다는 사실을 아는 사람은 드물다. 박문수는 진위현 향교동(현 진위면 봉남리)에 있는 외가에서 태어나 다섯 살이 될 때까지 유년 시절을 보냈다. 장승재 암행어사박문수문화관 관장(65)이 박문수와 그의 연고지인 진위면의 역사성을 널리 알리는 데 앞장서게 된 계기 역시 이 지점에서 출발한다.

장 관장은 "본래 고향이 평택 팽성읍이고, 어릴 때부터 박문수가 평택사람이라는 이야기를 듣고 자랐다"며 "박문수는 역사적으로 중요한 인물이자 문화자원인데 경기도와 평택시가 간과하고 있다는 생각이 들어 고향에 내려와 선양사업을 시작했다"고 말했다.

장 관장이 본격적으로 박문수 관련 자료를 모으기 시작한 것은 지난 2007년 소설 『박문수의 야다시』를 쓴 최영찬 작가로부터 고향 출신 인물인 박문수에 신경을 써달라는 말을 들었고 당시 DMZ문화원장을 맡고 있던 장 관장은 이 이야기를 듣고 자비를 들여 박문수 관련 자료를 모으기 시작해 지난 2019년 4월엔 서울 생활을 정리하고 고향인 평택으로 이사를 왔다.

이 같은 노력 끝에 장 관장은 지난 2020년 11월 4일 도서·논문 130여권, 마패 등을 모아 진위면 견산리에 암행어사박문수문화관을 개관했다. 지난해 10월 13일엔 이곳에서 박문수 탄신 330주년을 맞아 사학과 교수와 향토사학자 등을 초청해 기념 세미나를 개최했다. 같은 달 29일엔 전·현직 사학과 교수와 박문수에 관심이 있어 찾아온 사람 등 40명을 초청해 박문수와 삼봉 정도전, 잠곡 김육을 연계한 현장탐방 프로그램을 선보였다.

장 관장은 "평택엔 박문수 외에도 김육의 소사동 대동법시행기념비와 정도전을 기린 삼봉기념관이 있고, 관통하는 핵심은 위민사상이다"라며 "이 자체만으로도 대단한 문화자원이나 그동안 너무 많은 사람이 무관심했다"고 안타까움을 표했다.

그러면서 "올해는 박문수가 태어나 유년기를 보낸 집터를 찾아내 안내판을 세우고, 박문수를 관광자원화를 주제로 세미나를 열어 여러 제언을 할 계획"이라며 "박문수는 전국적으로 관련 구비문학 야담 300여개가 남아 있을 정도로 사람들의 마음속에 살아 숨 쉬는 인물이자, 자랑스러운 평택의 보배란 점을 명심해야 한다"고 강조했다.

[출처] 경기일보 | 2022.01.11. 안노연 기자
http://www.kyeonggi.com/2396315

단행본

1. 박문수 단행본 (비고 *표시는 어린이 책)

번호	도 서 명	저 자	년도	출판사	비고
1	박문수전(朴文秀傳)		1915	유일서관	*
2	어사 박문수전	한병주	1921	박문서관	*
3	박문수 이야기 지팡이 하나	고한승	1925	개벽	*
4	박문수전(朴文秀傳)	홍순필	1926	경성서적조합	
5	박문수전	김동진	1933	덕흥서림	
6	박문수전		1951	세창	
7	암행어사朴文秀	허문영	1962	덕수출판사	*
8	어사 박문수	김영일	1963	정문사	*

9	御使 朴文秀	김용제	1966	삼중당	
10	(암행어사) 박문수	허문영	1967	불이출판사	*
11	어사 박문수전	이노문	1970	청일문예사	금자각
12	暗行御史 朴文秀	이철범 허문영	1975	풍성각	
13	암행어사 박문수	엄기원	1976	대광	*
14	間民病苦와 徵行廉察 : 慶尙道 暗行御史 朴文秀, 한광격, 유의양 全羅道暗行御史洪亮漢	홍은표	1976	문광당	
15	암행어사 박문수	미문사	1978	미문사	*
16	어사 박문수	신현득	1978	태창	*
17	기은 박문수 도서목록 종가소장서목	문화재 관리국	1979	문화재관리국	
18	암행어사 박문수	마숙남	1979	대홍출판사	
19	암행어사 박문수	김용철	1979	우성출판사	
20	어사 박문수 : 한국 위인	최용안	1979	소년문화사	
21	間民病苦와 徵行廉察 : 嶺南暗行御史朴文秀 외 6. 英祖篇	유길수	1980	창우문화사	

22	암행어사 박문수	황 명	1982	아동문학사	*
23	어사 박문수	이주홍	1983	성서교재간행사	
24	(御使)朴文秀	유재희	1983	종로서적공사	
25	어사 박문수	박찬수	1984	우성출판사	
26	박문수	윤선량	1985	보성	*
27	어사 박문수	박찬수	1986	우성출판사	
28	암행어사 박문수	김용철	1987	명문당	
29	어사 박문수	이호성	1989	견지사	*
30	암행어사 박문수	황현철	1989	삼원출판사	
31	암행어사 박문수	김영일	1989	계림문고	*
32	어사 박문수	이규희	1990	교학사	*
33	한국의 해학, 5. 어사 박문수	박찬수	1991	아모아	
34	암행어사 박문수	편집부	1992	금성출판공사	
35	암행어사 박문수전	송명호	1992	삼성당	*
36	어사 박문수	장재훈	1992	꿈동산	*
37	어사 박문수	이효성	1992	삼익출판사	*

38	암행어사 박문수전	김병규 김우영	1992	대교출판	*
39	어사 박문수 이야기	박순호	1993	고창군	고창군 구비문학 대계
40	어사 박문수	황현철	1993	고려출판 문화공사	
41	어사 박문수/ 하늘나라 복숭아	송명호	1993	삼성당	*
42	(즐거운 이야기) 어사 박문수	임성빈	1993	민중출판사	*
43	어사 박문수	김미숙	1994	한아름	*
44	어사 박문수 임경업전	임구순	1994	가정교육사	*
45	어사 박문수	신동일	1995	(주)지경사	*
46	암행어사 박문수 : 산천초목도 벌벌 떨었던 암행어사 박문수, 그는 과연 누구인가?	황현철	1995	고려출판 문화공사	
47	(대하역사소설) 암행어사 박문수 1	김선	1996	이화문화 출판사	
48	(대하역사소설) 암행어사 박문수 2	김선	1996	이화문화 출판사	

49	(대하역사소설) 암행어사 박문수 3	김선	1996	이화문화 출판사	
50	(의로운 암행어사) 박문수	이승기	1996	문공사	*
51	암행어사 박문수	신택구 김동수	1997	월드캠프	
52	어사 박문수	임성빈	1999	민중	*
53	박문수	송명호	2000	바른사	*
54	떴다, 신암행어사 박문수	김우경	2002	대원씨아이	
55	암행어사 박문수	박용빈	2002	아이엘비	*
56	암행어사 박문수	박주희	2002	한국파스퇴르	*
57	암행어사 박문수	임재령	2002	학은미디어	
58	어사 박문수	정은희	2002	푸른길	*
59	어사 박문수	박대훈	2002	새샘	*
60	어사 박문수, 임경업전	허인	2002	고전문학 연구회	
61	암행어사 박문수 1, 2, 3	김선	2003	아트미디어	
62	암행어사 박문수	이범기	2003	꿈소담이	*

63	암행어사 박문수	이만수	2003	꿈동산	*
64	어사 박문수	정기영	2003	영진닷컴	
65	암행어사 박문수 (그림책)	최홍식	2004	평양문학예술 출판사	주체93
66	어사 박문수	신동일	2005	지경사	
67	SF 박문수 : 미래 세계에 떨어진 암행어사	이세라	2006	하양용 출판사	*
68	박문수전	이동렬	2007	영림카디널	*
69	박문수전	정정목	2007	창비	*
70	어사 박문수	박안나	2007	기탄교육	*
71	어사 박문수	공감사	2008	홍진미디어	*
72	암행어사 박문수전	김병규	2008	대교출판	*
73	암행어사 박문수	박현숙	2009	한겨레아이들	*
74	박문수전	이동렬		알라딘북스	
75	박문수전	정종목		창비	
76	박문수전	이효성	2010	꿈소담이	*
77	암행어사 박문수 전설되다	최홍규	2011	우와	담시

78	조선최고의 암행어사 박문수전 이야기	박병선	2011	청년사	*
79	암행어사 박문수, 상	유희석	2011	예손미디어	
80	암행어사 박문수, 하	유희석	2011	예손미디어	
81	암행어사 박문수	이희춘	2011	금성출판사	*
82	2012년 제4회 칠장사 어사 박문수 전국 백일장 문집	칠장사	2012	전국 백일장 운영위원회	
83	박문수전	명지현	2013	주니어 김영사	*
84	박문수, 18세기 탕평관료의 이상과 현실	김백철	2014	한국학중앙 연구원출판부	
85	오성과 한음의 용기와 우전: 억울한 홍부자를 살린 어사 박문수 : 존경받은 정승 황희	김병희 외 3인	2014	한국어읽기 연구회	
86	나, 박문수	이기담	2015	옥당	
87	(전국 방방곡곡) 어사 박문수가 간다	박민호	2015	머스트비	
88	(조선의 명탐정, 어사 박문수) 암행어사 출두야	임재령	2016	학은미디어	*
89	박문수전	박효미	2017	웅진주니어	*

90	박문수, 구전과 기록사이	김명옥	2018	채륜	
91	박문수의 야다시	최영찬	2021	활빈당	
92	현대어 박문수전·삼쾌정	서유경	2021	박문사	옮긴이

2. 단행본 중에서 박문수 소개 책자

번호	도 서 명	저자	년도	출판사	비고
1	해동야사(암행어사 편) - 御使朴文秀 　(p159~441)	조영암	1958	정양사	
2	청빈사상 2, 어사출또 - 박문수(p12~115)	민용기	1993	하늘	
3	암행어사란 무엇인가? - 설화에 나타난 　암행어사 박문수 　(p133~162)	최운식	1999	박이정	
4	제왕들의 책사, 조선시대 편 - 영조 편, 박문수 　(p219~237)	신연우 신영란	2001	생각하는 백성	공저

5	조선의 암행어사 – 박문수(朴文秀) (p191~196)	임병준	2003	가람기획	
6	한국사傳 5 – 암행어사의 전설이 된 박문수(p69~91)	KBS 한국사 傳제작팀	2008	한겨레 출판	
7	남양주 역사기행 I – 암행어사 박문수 고택지(고택지)발견 (p129~140)	윤종일 외2명	2008	경인 문화사	
8	新 암행어사 – 어사 박문수(朴文秀) (p155~189)	김영진	2009	행복한 박물관	
9	암행어사 열전 – 피맺힌 원수, 암행어사 박문수 이야기(p111~132)	김원석	2013	책내음	
10	역사저널 그날 7권, 영조에서 순조까지 – 백성들의 슈퍼 히어로, 어사 박문수(p49~86)	KBS역사저널 그날 제작팀	2016	민음사	

11	왕을 빛낸 위대한 참모들 – 백성의 입이 되고, 왕의 귀가 되어 준 어사(p112~137)	이지수 신현신	2018	해와나무	
12	진짜 암행어사, 우리가 몰랐던 이야기 – 암행어사 신화의 시작(p16~23)	권기환	2021	보고사	

3. 단행본 박문수 만화책자

번호	만화책 제목	작가/작화	출판사	년도	비고
1	암행어사 박문수전	김병규/김우영	대교출판	1992	
2	신암행어사	윤인완/양경일	대원씨아이		17권
3	한국고전 천자문 암행어사 박문수(상·하)	한자교연/유희석	예손미디어	2007	

4. 한·일 합작 만화

신 암행어사는 윤인완이 쓰고 양경일이 그린 만화로, 일본에서 연재되었고 한국으로는 정식 수입되었다. 스케일이 크고 만화의 품질 또한 뛰어나 큰 인기를 끌었던 작품으로 암행어사 박문수에서 모티브를 딴 주인공 문수가 마패를 들고 호령하면 악인을 무찌르기 위한 '팬텀 솔져'라는 쥬신의 특수부대가 나타나 적을 무찌른다는 내용이다.

번호	제목	작가/작화	출판사	잡지	비고
1	신 암행어사	윤인완/양경일	대원씨아이	영 챔프	17권

5. 기타, 박문수 소개 단행본

한국학중앙연구원에서 한국구비문학대계 개정·증보·구술 자료를 바탕으로 발행한 책자이다.

번호	도서명	저자	년도	출판사	비고
1	어사 박문수(朴文秀)의 낙조(落照)	미상	2009	한국학중앙연구원	
2	골탕 먹은 어사 박문수(朴文秀)	미상	2009	한국학중앙연구원	

2	어사 박문수의 말장난	미상	2009	한국학중앙연구원	
4	무주 구천동에 간 어사 박문수	미상	2009	한국학중앙연구원	
5	노총각 장가보낸 어사 박문수	미상	2009	한국학중앙연구원	
6	용소에서 마음을 닦아 어사된 박문수	미상	2009	한국학중앙연구원	
7	못생긴 여자를 첩으로 들인 어사 박문수	미상	2009	한국학중앙연구원	
8	가짜 당숙 얻은 박문수 어사	미상	2010	한국학중앙연구원	
9	하루에 두 쌍을 혼인시킨 어사 박문수	미상	2011	한국학중앙연구원	
10	박문수 어사와 현풍곽씨 열녀비	미상	2011	한국학중앙연구원	
11	어사 박문수에게 원한 갚으려 한 모녀	미상	2014	한국학중앙연구원	
12	혼령의 보은으로 어사된 박문수	미상	2015	한국학중앙연구원	
13	지악지의 효자문을 세워준 어사 박문수	미상	2016	한국학중앙연구원	

6. 암행어사 및 어사 단행본 (비고 *표시는 어린이 책)

번호	도서명	저자	년도	출판사	비고
1	海東野史, 제1권 暗行御史편	조영암	1958	정양사	
2	李朝暗行御史 制度의 研究	장윤식	1959	고려서적 회사	단기 4292
3	韓國法制度史研究 (暗行御史研究其他)	전봉덕	1968	서울대 출판부	
4	草笠童暗行御史 : 咸鏡道暗行御史洪祐健	박신민	1976	문광당	
5	법성포의 철쭉꽃 : 전라도암행어사 조만영	김관봉	1976	문광당	
6	은장도의비화 : 충청도암행어사 이계원·윤로동	박신민	1976	문광당	
7	假大監과守令들 : 平安道淸北暗行御史 李建弼	김관봉	1976	문광당	
8	路邊의 風雲兒 : 平安道暗行御史 尹鳳朝	김관봉	1976	문광당	
9	深夜의過客 : 海西暗行御史송도남, 京畿暗行御史 김수익	유열	1976	문광당	
10	대감댁 괴연 : 湖西暗行御史 윤근수	이인석	1976	문광당	

11	홍이의 悲歌 : 江原道暗行御史 유홍	홍윤기 김관봉	1976	문광당	
12	춤추는회子手 : 咸鏡道暗行御史조종경	이인석	1976	문광당	
13	暗行御史列傳. 1-10	창우 문화사	1980	창우 문화사	
14	암행어사의 懷抱	장덕순	1981	우석	수필집
15	암행어사 : 암행어사·명인(名人) 행장기	이상비	1984	우성 출판사	
16	암행어사	이상배	1986	우성 출판사	
17	암행어사 이야기 1. 2. 3	이부춘	1989	중앙 출판사	
18	어사출도	민융기	1993	하늘	
19	암행어사	편집부	1994	새롬	*
20	암행어사 회포	장덕순	1995	박이정	
21	이조 암행기 (일본 만화가가 그린 조선 이야기)	나츠기 스메라기	1998	비앤씨	박세리역
22	암행어사란 무엇인가 : 제도·역사·설화·소설	전신용	1999	박이정	고석규외
23	朝鮮後期 地方統治行政 研究	이의권	1999	집문당	
24	암행어사 이야기(상.하)	임병준	2000	전예원	

25	조선의 부정부패 어떻게 막았을까? 조선왕조가 500년 유지된 비결 대간 감찰 암행어사 이야기	이성무	2000	청아 출판사	
26	암행어사 출두야	윤승운	2001	푸른나무	
27	청소년 암행어사	정의교육 시민연합	2002	정의교육 시민연합	*
28	조선의 암행어사 : 우리나라 고유의 감찰제도 이야기	임병준	2003	가람기획	
29	조선의 암행어사	김영진	2004	큰방	
30	(한권으로 읽는) 암행어사 열전	김원식	2004	문학수첩	
31	암행어사 한심이	윤승운	2004	산하	*
32	내가 찾은 암행어사	정명림	2006	풀빛	논픽션
33	조선시대 암행어사	김은하	2006	웅진주니어	*
34	조선의 암행어사	임병준	2006	가람기획	
35	피리 부는 암행어사	한국고전 연구회	2006	효성사	
36	마지막 암행어사	박양호	2007	화남 출판사	
37	고객감동 암행어사 미스터리 샤퍼(Mystery Shopper)제도 운영	서울 특별시	2007	서울특별시	웹자료
38	암행어사 호랑이	김향수	2008	한솔수북	* 함현주

39	(조선역사속의 가장 재미있는 新)암행어사	김영진	2009	행복한 박물관	
40	조선은 어떻게 부정부패를 막았을까 : 목숨 걸고 직언하고 가차 없이 탄핵하다 : 조선의 대간, 감찰, 암행어사 이야기	이성무	2009	청아 출판사	
41	내 사랑 암행어사	김정미	2010	다인북스	
42	조선의 법이야기, 암행어사출두요	류승훈	2010	이담북	e-Book
43	우리 반 암행어사	정진	2010	소담주니어	*
44	암행어사는 아무나 되나	유현상	2010	청년	
45	암행어사 출두야! 마법의 두루마리	햇살과 나무꾼	2011	비룡소	*
46	임금과 백성을 소통시키는 한마디, 암행어사 제도	박병련	2011	인문사회 연구회	웹자료
47	암행어사 2완	손진효	2012	퍼플	
48	암행어사 출두야?	김서현	2013	스칼렛	장편 소설
49	한국정보조직 (암행어사에서 중앙정보부까지)	정규진	2013	한울 아카데미	
50	암행어사 열전	김원식	2013	책내음문고	
51	서수일기(박래겸)	조남권 박동욱	2013	푸른역사	박래겸 지음

52	WHY? 암행어사	이 근	2014	예림당	* 만화
53	조선시대에는 어떻게 정보활동을 했나?	송봉선	2014	시대정신	
54	해서 암행일기	박만정	2015	서해문집	윤세순 옮김
55	이선비, 암행어사 되다	세계로	2015	(주)미래엔	*
56	서수일기: 200년 전 암행어사가 밟은 5천리 평안도 길	박내겸	2015	아카넷	오수창 역해
57	해서암행어사 : 암행어사, 황해도에 출두하다	박만정	2015	서해문집	윤세순 옮김
58	암행어사와 두혹이 영감	완두콩	2016	키즈엠	*
59	암행어사를 따라간 복남이: 박내겸 서수일기	정혜원	2016	한국고전 번역원	*
60	조선의 암행어사	김영진	2020	큰방	
61	진짜 암행어사, 우리가 몰랐던 이야기	권기완	2021	보고사	

논문

1. 박문수 관련 논문

- 방은순, 「박문수의 붕당 인식과 국가재정론」, 「충청문화연구 3」, 충남대학교 충청문화연 구소, 2010.
- 최운식, 「설화에 나타난 박문수 인간상과 민중의 의식」, 「청람어문학 21」, 청람어문학회 1999.
- 육재용, 「박문수전의 현대소설, 설화로의 변이양상」, 「고소설연구 11」, 한국고소설학회, 2001.
- 육재용, 「박문수전이 복합테스트성과 형성원리」, 「고소설연구 14」, 한국고소설학회, 2002.
- 조성산, 「박문수 전설적인 암행어사 혹은 뛰어난 소론 경세관료」, 「내일을 여는 역사14 집」, 내일을 여는 역사, 2003.
- 오윤선, 「박문수전에 나타난 박문수의 인물형과 고전 서사물에서의 변이양상」, 「우리어문연구 31호」, 우리어문학회, 2008.

– 오윤선, 「(박문수)의 현대소설전에 설화로의 변이양상 「고소설연구 11호」, 한국 고소설학회, 2001.

– 이승수, 「박문수 전승의 역사적 기반탐색」, 「한국문화 42」, 서울대학교 규장각 한국학 연구원, 2008.

– 심재우, 「역사 속의 박문수와 암행어사로의 형상화」, 「역사와 실학 41집」, 역사 실학회, 2010.

– 원유한, 「기은 박문수의 화폐경제론: 실학자의 화폐경제론과 비교 검토」, 실학 사상연구 5/6 , 무악실학회 1985.

– 최향, 「암행어사 박문수와 청관 포공의 형상 비교」, 「비교문학 제57집」, 한국 비교문학회, 2012.

– 이영수, 「박문수 '중매담' 연구」, 「비교민속학」, 비교민속학회, 2017.

– 김백철, 「靈城君 朴文秀(1691~1756)의 政界활동」, 「한국사연구」 163, 한국사 연구회, 2013.

– 이헌홍, 「박문수전의 제재적 근원 연구」, 「한국민족문화 29」, 부산대학교 한국 민족문 화연구소, 2007.

– 이헌홍, 「〈박문수전〉, 한문본과 한글본의 비교 연구」, 「동양한문학연구 24」, 동 양한문학회, 2007.

– 최래옥, 「박문수 설화의 성격분석」, 「한국민속학 18–1」, 한국민속학회, 1985.

– 김성희, 「耆隱 朴文秀의 위민활동과 그 의의」, 「사학연구」 96호, 한국사학회, 2009.

– 박명진, 「三言」公案小說과《朴文秀傳》比較研究」, 「동아인문학」 13호, 동아인문 학회, 2008.

– 샘터사, 「귀신의 도움으로 과거 급제한 박문수」, 「샘터 34권 3호」, 샘터사, 2003.

- 김성희, "박문수, 백성을 향한 헌신", 「박문수 천안에 잠들다」, 천안박물관, 2012.
- 노혜경, "박문수의 기업적 생산체계와 기업가 정신에 대한 연구, 「경영사학」 제3-2호, 한국경영사학회, 2016.

2. 암행어사 및 어사 논문

- 유자후, 「暗行御史考」, 「조광 제6권6호」, 조광사, 1940.
- 유자후, 「暗行御史考」暗御史考,行, 「조광 제6권7호」, 조광사, 1940.
- 유자후, 「暗行御史考」暗行御史考(上)」, 「민주조선 제7호」, 중앙청공보부정치교육과, 1948.
- 전봉덕, 「일반어사의 암행화와 암행어사의 일반화」, 「한국법제사연구」, 서울대출판부, 1968.
- 전봉덕, 「암행어사사료」, 「새교육.20.5」, 대한교육연합회, 1968.
- 백승완, 「신판 암행어사 유효론:엄버즈맨(Ombudsman)제도」, 「사상계 제18. 4집」, 사상계사, 1970.
- 백승완, 「新版 暗行御史 有效論:엄버즈맨(Ombudsman)制度(續)」, 「사상계 제18권 제5호 제 205호」, 현와이드넷, 1970.
- 김명숙, 「암행어사 제도의 일 연구: 고종5년(1886)의 서계/별단을 중심으로」, 「역사학보 제115집」, 1987.
- 권경률 글: 신경란 그림, 「촉석루의 암행어사, 사랑을 심판하다」, 「우리문화 제283호」, 한국문화원연합회, 2020.

- 백상기, 「조선시대 암행어사 제도 연구 I」, 「영남대사회과학연구」, 1990.
- 백상기, 「조선시대 암행어사 제도 연구 II」, 「영남대사회과학연구」, 1991.
- 한상권, 「역사연구의 심화와 사료이용의 확대: 암행어사 관련자료의 종류와 사료적 가치」, 「역사와 현실 제6호」, 1991.
- 이희권, 「조선후기 암행어사 제도를 통한 지방통제」, 「전북사학 제17집」, p53~98, 1994.
- 강길봉, 「Ombudsman제도와 암행어사 제도의 비교연구: 한국적 민원구제제도의 정착화를 위하여」, 「한국행정사학지 제3호」, p181~197, 1994.
- 김명숙, 「서수일기를 통해 본 19세기 평안도지방의 사회상」, 「동아시아문화연구 제35집」, 한양대 동아시아문화연구소, 2001.
- 김명숙, 「암행어사 김정희가 본 19세기 전반기 충청우도의 사회상」, 「한국사상과 문화 제37집」, 수덕문화사, 2007.
- 임병준, 「암행어사 제도의 운영성과와 한계」, 「법사학연구 제24호」, 한국법사학회, 2001.
- 오수창, 「암행어사의 길」, 「역사비평,통권73호」, 한국역사연구회, 2005.
- 유광수, 「암행어사 이야기의 현재적 적용과 스토리텔링 방식에 대하여」: 〈신 암행어사〉를 대상으로, 「온지논총 제37집」, 온지학회, 2013.
- 육재용, 「암행어사 소설에 드러난 어사의 기능과 역할」, 「한민족어문학 37」, 한민족어문학회, 2000.
- 육재용, 「삼쾌정 연구」, 「고소설연구 21집」, 월인, 2006.
- 영남대학교 사회과학연구소, "조선조 암행어사 제도 연구(1)" P65- 84.
- 한국행정사학회 "암행어사 제도에 관한 사례연구", 한국행정사학지 P151- 189, 2006.12.

- 황재문, 「사환일기와 관직생활: 암행어사 일기를 중심으로」, 「大東漢文學 30집」, 대동한문학회, 2009.
- 박영호, 「서수일기를 통해 본 박래겸의 리더십」, 「동방한문학56권」, 동방한문학회, 2013.
- 김정기, 「조선조 지방행정 통제와 암행어사제의 역할 및 한계」, 「한국행정사학지제7호」, 한국행정사학회, 1999.
- 이희권, 「조선시대 암행어사제를 통한 중앙정부의 지방통제 정책」, 「전북사학 제17권」, 전북사학회, 1994.
- 송기호, 「왕의눈 암행어사」, 「대한토목학회지 57권11호」, 대한토목학회, 2009.
- 강석화, 「1812년 함경도 암행어사의 활동」, 「인하사학 10」, 2003.
- 곽동찬, 「고종초 토호의 성분과 무단(武斷) 양태: 1876년 암행어사 토호별단 (土豪別單)의 분석」, 「한국사론 2」, 1975.
- 김명숙, 「조선 후기 암행어사 제도의 일연구: 고종 5년(1868)의 서계(書啓)·별 단(別單)을 중심으로」, 「역사학보.115」, 역사학회, 1987.
- 고석규, 「암행어사 제도의 운영과 지방통치」, 「암행어사란 무엇인가」, 박이정, 1999.
- 윤인환 글, 양경일 그림, 「신 암행어사 1~17권」, 「대원씨아이」, 2001~2007.
- 조광현, 조선후기 암행어사(暗行御史)의 외관(外官) 포폄(褒貶)에 관한 연구, 「고문서연구 52권 0호」, 한국고문서학회, 2018.
- 조한필, 「조선 영조대 별견어사의 성격」, 「역사와 담론 98집」, 호서사학회, 2021.
- 김현영, 이헌영(1837~1908)의 「교수집략(嶠繡集略)을 통해 본 암행어사의 실상 과 경상 도 지방관」, 경북대학교 영남문화연구원, 영남학, 16권 0호(7~43), 2009.

- 심희기, 「국왕의 귀와 눈, 암행어사」, 「암행어사란 무엇인가」, 박이정, 1999.

- 박동욱, 「박래겸의 암행어사 일기 연구」, 「溫知論叢, 제33집」, 溫知學會, 2012.

- 박동욱, 「휴휴자 구강의 암행어사 일기 연구」, 「민족문화」 51, 2018.

- 박동욱, 「박영보의 수부기정 연구」, 「대동한문학」 제44집, 대동한문학회, 2015.

- 권기중, 「조선시대 암행어사의 수령 평가와 재임 실태의 상관성: 암행어사 書啓와 수령선 생안을 중심으로」, 「동양고전연구」 제81집, 동양고전학회, 2020.

- 권기중, 「조선시대 암행어사의 수령 평가: 경기암행어사 서계를 중심으로」, 「역사담론 제 87집」, 호서사학회, 2018.

- 권기중, 「조선후기 수령의 지방재정 운영과 公私 관념: 경상도 암행어사 서계를 중심으로」, 「史林 제48호」, 首善사학회, 2014.

- 권기중, 「조선후기 수령의 업무능력과 부세 수취의 자율권: 조선후기 暗行御史 書啓를 중심으로」, 「역사와 담론 제67집」, 호서사학회, 2013.

- 한철호, 「고동 친정 초(1874) 암행어사 파견과 그 활동: 지방관 징치를 중심으로」, 「史學志 제31집」, 단대출판부, 1998.

- 김완길, 「暗行御史와 經營人」, 「경영과 마아케팅 158」, 한국마아케팅연구원, 1982.

- 신규호, 「李朝의 官制에서 본捕盜大將과 暗行御史」, 「의학동인. 62」, 의학동인사 1981.

- 조수미, 「암행어사 일기〈서수일기〉를 통해 살펴본 기생의 지인지감(知人之感)의 실체와 의미」, 「민족문화논총 제66집」, 영남대학교민족문화연구소, 2017.

- 박인호, 「만오 박래겸의 암행어사 직임 수행 배경에 대한 일고찰」, 「선주논총 제17집」, 금오공과대학교 선주문화연구소, 2014.

- 심재우, 「19세기 전반 충청도 지역 지방통치와 사회문제연구: 1833년 암행어사 황협의 정행紀事 분석을 중심으로」, 「역사민속학 제26호」, 민속원, 2008.
- 윤재풍, 「암행어사 제도에 관한 사례연구: 암행어사 박정양의 서계·별단의 분석」, 「한국 행정사학회지 통권 19호」, 한국행정사학회, 2006.
- 곽동찬, 「고종조 토호의 성분과 무단양태:1867년 암행어사 토호별단의 종류와 사료적 가치」, 「韓國史論 제2집」, 서울대학교 한국사학회, 2014.
- 한상권, 「역사연구의 심화와 사료 이용의 확대: 암행어사 관련 자료의 종류와 사료적 가치」, 「역사와현실 제6집」, 역사비평사, 1991.
- 정영미, 「암행어사를 보는 두 가지 시각: '맡긴 후에는 의심하지 말아야': 사론(史論)으 로 본 조선왕조 실록」, 「신동아」 61권 11호 (통권710호)」, 동아일보사, 2018.
- 지영환, 「監査院 特別調査局의 役割 提高를 위한 暗行御史制度 運營및含意」, 「법과정 책 제20집 제2호」, 제주대학교 법과정책연구소, 2014.
- 임병준, 「조선시대 암행어사 제도」, 「감사」 제60집」, 감사원, 1998.
- 이의권, 「조선후기 암행어사 제도를 통한 중앙정부의 지방통제정책」, 「전북사학 제17집」, 전북대학교사학회, 1994.
- 백상기·김세일, 「조선조 암행어사 제도 연구」, 「사회과학연구 제10-2집」, 영남대학교사회과학연구소, 1990.
- 신양웅, 「조선왕조의 암행어사와 당진지방 출두고(考)」, 「내포문화」 제20호」, 당진향토문화연구소, 2008.
- 권경률, 「촉석루의 암행어사, 사랑을 심판하다」, 「우리문화」 통권 제283호」, 한국문화원연합회, 2020.
- 송찬섭, 「1862년 농민항쟁기 암행어사의 파견과 성과」, 「역사연구」 제38호」, 역

사학연구소, 선인, 2020.

- 강석화, 「1812년 함경도 암행어사의 활동」, 「인하사학, 제10집」, 인하역사학회, 2003.

- 송수환, 「1858년 암행어사의 전울산부사 심원열 감찰」, 「조선시대사학보 94호」, 조선시대사학회, 2020.

- 김미량, 「한국 고전 문헌의 한영 번역에 대한 효과적인 전략: "암행어사란 무엇인가"를 중심으로」, 「대학영어교육연구 통권22호」, 한국대학영어교육학회, 2015.

- 김재문, 「한국전통법의 정신과 법체계, 47: 조선왕조의 개혁사상이론: 조선왕조의 기강확립과 감사제도(암행어사)」, 「사법행정, 제44권 6호통권 510호」, 한국사법행정학회, 2003.

- 김규선, 「새로 발굴된 추사 김정희의 암행보고서」, 「한민족문화연구 38집」, 한민족문화학회, 2011.

- 김규선, 「추사 김정희의 암행보고서」, 「묵가 제72호」, 묵가, 2012.

- 이상배, 「1712년 이천재가칭어사사건에 관한 연구」, 「강원사학 13. 14호」, 강원대학교사학회, 1998.

석·박사 학위 논문 및 기타

1. 박문수 관련 석·박사 논문

- 서효진, 소설 『암행어사 박문수』의 박문수 설화 수용 양상, 아주대학교 교육
  대학원(석사), 2008.
- 정현숙, 박문수 설화 연구: 경주 지방의 현지 자료를 중심으로, 영남대 대학
  원 석사논문 1980.
- 심은석, 박문수 설화 연구, 공주대 교육대학원 석사논문, 1995.
- 김복순, 박문수 설화연구, 한국교원대 교육대학원 석사논문, 1996.
- 류민주, 박문수 설화연구: 문제 해결 방식을 중심으로, 홍익대교육대학원 석
  사학위논문, 2002.
- 손소희, SBS 〈대망〉과 MBC 〈어사 박문수〉를 중심으로, 경희대학교 대학원 석
  사학위 논문, 2003.
- 신미란, 박문수 설화연구: 민중의 꿈의 실현과 좌절을 중심으로, 경성대학교
  교육대학원 석사논문, 2004.

2. 암행어사 및 어사 석·박사 논문

- 전봉덕, 「암행어사 제도의 연구: 특히 그 제도 성립의 역사적 배경과 직관을 중심하여」, 서울대학교 박사학위 논문, 1968.
- 김명숙, 「조선후기암행어사 제도의 연구: 고종5년(1868) 書啓·別單을 중심으로」, 한양대학교 대학원 석사학위 논문, 1986.
- 김달비, 「암행어사 설화의 연구」, 우석대학교 교육대학원 석사학위 논문, 2005.
- 이상순, 「조선후기 사회변동과 어사제도 연구」, 연세대학교 대학원 박사학위 논문, 2017.
- 조윤희, 「변박의 〈왜관도〉 연구」, 서울대학교 석사학위논문, 2017.
- 허문행, 「숙종대 암행어사 제도의 정비와 운영」, 한국학중앙연구원 한국학대학원 석사학위 논문, 2018.
- 조광현, 「조선 후기 암행어사 문서 연구: 암행어사의 직무수행과 민원처리를 중심으로」, 한국학중앙연구원 박사학위 논문, 2019.

3. 암행어사 박문수 관련 신문 및 기타

- 노성상인, '어사 박문수', 「중외일보」 3면, 1927.11.6.~11.14.
- 구강동부, '박문수와 신동 1,2회', 「중외일보」, 1927.10.20.~21.
- 이은상, '어사 박문수(1~3회)', 「동아일보」 4면, 1931.3.7.~3.9.
- 이은상 글 이상범 그림, '어사 박문수', 「동아일보」 4면, 1931.3.8.

- '어사 박문수 영화제작 상영 소식', 「조선일보」, 1930.10.25.
- '어사 박문수' 「동아일보」 4면, 1931.3.7.
- 노혜경, '영조와 상극인 어사 박문수 독설을 퍼붓고도 총애받았다', 「DBR 163 호」, 동아 비즈니스 리뷰, 2014.

4. 어사관련 신문 및 기타

- 구강동부, "어사가 아희의 원수를 갚아주고 아희는 어사의 은혜를 보답하다", 「동아일보」 3면, 1927.10.20.~10.21.
- 작자미상, "박동과 어사 1.2회", 「동아일보」, 1938.6.5.~6.12.
- 김삼웅의 인물열전, '다시 찾는 다산 정약용 평전, 「암행어사, 민생살피고 비리 척결」, 오마이뉴스, 2020.9.16.
- 김종성 사극으로 역사읽기, 「암행어사, '깜짝쇼, 실제론 불가능했다」, 오마이 뉴스, 2011.5.
- 김종성 사극으로 역사읽기, 「"암행어사, 출두요!": 이몽룡의 뻥이었나」, 오마이 뉴스, 2011.5.16.
- 역사의 땅, 사상의 고향, 「조선 최후의 문장가, 이건창의 삶과 사상(상·하)」, 경 향신문, 2008.9.26., 2008.10.3.

4장

암행어사 박문수의 문화 플랫폼

암행어사 박문수는 조선후기부터 현대까지도 최고의 인기스타이다. 박문수 관련 대중
가요, 낙조, 영화, TV드라마, TV다큐, TV사극, 오페라 공연, 인터넷 방송, 만화 등이 풍
운아답게 너무 많은 자료가 우리 주변에 산재해 있다. 대중적으로 쉽게 접할 수 있어
정리해 놓았다.

대중가요

암행어사와 박문수에 대한 대중가요와 과거급제 시제목인 낙조관련 노을, 석양, 일몰 등 제목 노래를 소개한다.

1. 대중가요

번 호	노래명	가 수	년 도	작사/작곡	비 고
1	젊은 암행어사	도성아	1956	손로원/백설봉	
2	암행어사 박문수	남백송	1959	호심/이병주	
3	암행어사	김상범	1981	김상범/김상범	
4	암행어사 미스터 박	장군명군	1988	박춘석/박춘석	
5	암행어사	시클라운	2014		
6	암행어사 출두요	정서진	2016		
7	암행어사	장송호	2016		
8	암행어사 출두요	송석범	2020		

| 9 | 암행어사 출두여 | 홍 주 | 2008 | 최비룡/김근동 | |
| 10 | 암행어사 출두여 | 신동해 | 2013 | | |

2. 과거급제 낙조 연관 현대 가요 및 영화 주제곡

번 호	노래명	가 수	년 도	작사/곡	비 고
1	낙조	문주란	1968		
2	석양	장 현	1973		
3	노을 (들녘길에서)	한규철	1984	유수태	신웅
4	저녁노을	뚜아에무아			
5	저녁노을	하남석			
6	저녁놀	전영록	1988		
7	일몰	최백호			
8	일몰	조용필			
9	석양	이미자			
10	지는 석양 어찌하리	황금심	1938		데뷔곡

11	들녘에서	원미연	1985		
12	붉은 노을	이문세	1988		
13	노을(동요)	이선희			
14	석양/트럼펫	김인배			트럼펫
15	– 황야의 무법자 – 석양의 무법자	클린트 이스트우드			외국영화 주제곡

영화

〈암행어사 박문수(1962)〉는 조선시대 문신 박문수의 이야기로 영화라는 측면에서 전기 영화이지만 한편으론 허구적인 느낌을 강하게 주는 영화이기도 하다. 이 영화는 1960년대 초반 우리나라 영화의 주된 장르로 많은 사랑을 받았던 사극의 대표적인 작품 가운데 하나인데 여러 면에서 당시 사극의 특징들을 잘 보여주고 있다.

번 호	제 목	주 연	년 도	비 고
1	암행어사 박문수	김진규, 조미령, 김지미	1962	동보영화사
2	암행어사	신영균, 윤정희, 박노식	1967	
3	마패 없는 어사	최무룡		
4	암행어사와 흑두건	장동휘, 오지명, 문오장	1969	

TV 드라마

1980년대부터 〈암행어사〉라는 드라마가 유명했다. 여기서 호위 무사로 상도가 나왔는데, 당시 어린이들 사이에서 큰 인기를 끌었던 캐릭터였다. 신 암행어사에서 나온 산도는 바로 이 상도를 변형한 것이다.

번 호	제 목	암행어사 역	년 도	방송국	비 고
1	암행어사	이정길	1981~84	MBC	상도
2	조선왕조오백년-한중록	변희봉	1988~89	MBC	
3	비가비	백준기	92.11~93.4	KBS2	
4	대왕의길	이영후	1998	MBC	
5	어사출두	안재모	1999	KBS2	안정훈
6	어사 박문수	유준상	2002~03	MBC	
7	어린이 역사드라마 점프 (초보어사 박문수)	김정산	2005	EBS	어린이
8	비밀의 문-의궤살인사건	이원종	2014	SBS	한석규
9	해치	권율	2019	SBS	
10	암행어사-조선시대수사단	김명수	20.12.21	KBS2	

TV 다큐

번 호	제 목	타이틀	년 도	방송국
1	동래암행어사는 일본으로 향했다		1998	KB 영상 사업단
2	조선시대의 특별검사, 암행어사		2006	EBS
3	박문수는 왜 암행어사의 전설이 됐나?	한국사傳	2008.03.29	KBS1
4	조선의 암행어사		2008	한솔인티티큐브
5	역사야 놀자 : 암행어사 박문수		2009	KBS1
6	박문수-무수한 일화 남긴 암행어사 : 박문수 초상		2013	누리미디어
7	백성들의 슈퍼 히어로 어사 박문수	역사저널 그날	2015.01.31	KBS1
8	암행어사의 대명사인 박문수	역사가 술술	2016.03.02	EBS1
9	(뒷담화) 스타 암행어사 박문수	역사저널 그날	2018.07.16	KBS 교양

TV 사극

번호	제목	타이틀	년도	방송국
1	망자의 소원	전설의 고향	1997	KBS2
2	어사출동 박문수	고전해학극장 (웃음이 보약)	1998	KBS
3	조선시대 암행어사의 활약 '어사 박문수'	해피타임 명작극장	2010	MBC
4	탐관오리를 농락하는 어사 박문수	천일야사(이계영)	2017	채널A
5	반전 또 반전 시신의 얼굴이 훼손된 이유는?	천일야사(김동식)	2018	채널A
6	어사 박문수, 사람 박문수	천일야사(오종석)	2019	채널A
7	2019 어사 박문수 – 극한직업 선달의 잠입수사	천일야사	2019	채널A
8	누구냐 넌 – 박문수와 박문수	천일야사	2020	채널A

9	2020 어사 박문수 – 이별 그리고 처벌	천일야사	2020	채널A
10	2020 어사 박문수 – 영조의 소울메이트 박문수	천일야화	2020	채널A
11	2020 어사 박문수 – 박문수를 건드린 대가	천일야화	2020	채널A
12	2020 어사 박문수 – 귀신을 잡아라	천일야화	2020	채널A
13	2020 어사 박문수 – 한 여자와 두 남자	천일야화	2020	채널A
14	2020 어사 박문수 – 사라진 시체의 진실	천일야사	2020	채널A
15	2020 어사 박문수 – 박문수를 죽여라	천일야사	2020	채널A
16	2020 어사 박문수 – 법생법사 추포왕	천일야사	2020	채널A

인터넷 방송

번 호	제 목	타이틀	년 도	방송국
1	조선시대, 한양으로 떠나는 비밀이야기 – 암행어사와 숙종	민담과우화	2005	스튜디오 태믹스
2	박문수전/주생전	고전명작 오디오북	2017	ELLamae Roos
3	어사 박문수 1부 – 어사 박문수의 기행모음	사료읽기 7화	2019	사학도TV
4	어사 박문수 2부 – 어사가 가져온 전복	사료읽기 7화	2019	사학도TV
5	어사 박문수 3부 – 관리의 녹봉을 깎아야합니다	사료읽기 7화	2019	사학도TV
6	어사 박문수 4부 – 가슴 뜨거운 정치인	사료읽기 7화	2019	사학도TV

7	뚝딱뚝딱 만들기 : 암행어사 박문수		2019	길벗스쿨
8	조선의 찰떡궁합 왕과 신하 (영조와 박문수& 정조와 정약용)	강선생의 친절한 역사이야기 24편	2019	일상의 인문학
9	민중의 희망이었던 어사 박문수	끌리는 한국사 제 271회	2019	서익환의 끌리는 한국사
10	암행어사? 기은 박문수	영조의 참모 암행어사? 기은 박문수	2021	사람 이야기 역사 캐리터치

공연(마당놀이, 뮤지컬, 연극)

번호	행사명	주관	장소	년월일
1	암행어사 박문수	고령문화원	대가야 문화누리	2015.11.20
2	– 인성교육뮤지컬 – 어사 박문수 출두요	북촌아트홀	북촌아트홀	2016.07.29
3	– 박문수, 세상의 정의를 꿈꾼다 – 어사 박문수	천안 시립예술단	천안예술의전당	2017.10.12 ~13
4	오페라 어사 박문수	송사모	평택북부 문화예술회관	2018.12.03
5	단막 음악극 "암행어사&박문수"	서리풀청년 아트기획단	서초문화재단	2020.11.20 ~12.31
6	오페라 어사 박문수	평택예총	평택남부 문화예술회관	2020.12.03

멀티미디어

번 호	제 목	대 표	년 도	발행자
1	암행어사 박문수(음악)	박철	1995	세진레코드사
2	암행어사 박문수(음악)	박문수	1993	불명
3	암행어사 박문수(음악)	장상덕/조용수	1977	대도레코드사
4	역사야 놀자 : 암행어사 박문수	KBS미디어	2009	KBS
5	박문수–무수한 일화 남긴 암행어사 박문수	–	2013	누리미디어

5장

암행어사 박문수의 이모저모

암행어사 박문수 관련 오늘날까지 전해지고 있는 박문수의 다양한 스토리를 모아봤는데 이해하는데 도움이 되리라 생각한다.

박문수 영성군(靈城君) 찬가(讚歌)

우리가 박문수 그분을 흠앙함은

김재영 작사
김국진 곡

1_
우리가 박문수 그분을 흠암함은 병조 호조 세손사
좌, 우참찬, 벼슬이 아니었소
득세한 양반님의 헛기침이 뜨락을 거닐 때
짚신 간발 등에 지고 탐관오리 색출하여
억울한 백성의 등불 되고 맺힌 한을 풀어 주시었소
북인 남인 노론 소론 양심의 칼을 물고
검은 음모 널 뛸 때에 이인좌의 난을 평정하고
태성성대 영조의 꿈을 푸르게 하였소 어사님

2_

우리가 박문수 그분을 흠양함은 선비의 향 피우고

사색붕당 일삼고 있을 그때

거랭뱅이 자루 찢던 안동서원 철폐를 하였네

평민들의 노역국가 착취하는 양역굴레 벗기어 주려고

깨려다가 좌천되는 일도 있었소

경상도 쌀 함경도의 기근을 해결하고

진주부사동지사로 청나라와 외교 다져놓은

우리 부사 박문수 어사 충현의 어사님

(후렴) 이조의 걸출 이조의 지인 오늘에도 우뚝 선

어늘에도 우뚝 선 민족의 현인

박문수 선생의 그릇
- 원수라도 공과 사는 다르다

　암행어사 박문수는 타고난 기지와 능력으로 탐관오리를 벌하고 백성을 도왔다. 그의 이야기는 활약상을 중심으로 여러 가지 이야기가 전해져 오고 있는데, 오늘은 공직자로서 공과 사를 구분하며 원수조차도 존중하고 예의를 지켰던 이야기를 전한다. 박문수가 관직 활동을 하던 시기는 정치적으로 노론과 소론이 대립하던 시기였다.

　박문수는 소론의 당색을 가지고 당론을 가장 추종하던 인물이었다. 그는 강경한 소론의 정치적 입장을 견지했으나, 당론보다 앞섰던 것이 '공'을 우선시하는 입장이었다. 이와 관련, 반대당 조태채와의 관련 일화가 전해지고 있다. 박문수가 대궐에서 숙직하며 사람들과 저녁을 먹게 되었을 때의 일이다.

　박문수는 반찬으로 나온 콩나물의 머리를 잘라내고 먹으면서 말했다. "태채(泰采)의 머리를 베지 않을 수 없다." 이는 조태채의 이름인 '태채(泰

采)'가 콩나물을 뜻하는 말인 '태채(太采)'의 음과 같은 것을 빗대어 말한 것이었다. 박문수와 조태채는 서로 원수에 가까운 사이였다. 그렇지만 박문수는 항상 임금에 대한 조태채의 충성을 높이 평가했다.

그러던 중 어느 날 조태채의 아들 관빈이 모함을 당해 죽을 위기에 처했다. 박문수는 임금께 아뢰었다.

"관빈이 몹시 흉한 죄를 지었으니 그 죄는 마땅히 벌해야 합니다. 그렇지만 결코 사형에 처할 만한 죄는 아닙니다."

임금이 오히려 의아해하면서 박문수에게 물었다.

"이 사람은 너의 원수가 아닌가?"

"사사로운 일에는 원수이지만, 그것으로 나랏일에 대한 판단을 흐릴 수는 없습니다. 전하께서 조관빈을 죽이려 하신다면, 바라건대 박문수가 관빈이 죽기를 바라서 관빈을 죽이는 것이라고 나라 안팎에 직접 포고를 하시고 죽이시옵소서."

"경이 그렇게까지 말하니 조관빈의 죄상을 다시 살피도록 하겠소."

공사를 엄격히 구분하고 정확한 판결을 바라는 박문수의 성품에 임금은 크게 감동해 조관빈의 죄를 용서했다.

원수의 죽음 앞에서 예를 다하다. 둘의 사이가 어떠했는지 보여주는 일화가 또 있다. 훗날 조관빈이 죽었을 때 박문수가 그 집을 찾아가 관빈의 아들에게 전했다.

"내가 존옹과 대대로 내려오는 원수지간이지만, 일찍이 동료로서의 옛

정의가 있으니 어찌 곡을 하지 않을 수 있겠습니까. 부디 들어가 곡을 할수 있도록 해 주십시오."

조관빈의 아들은 박문수가 곡하는 것은 허락했다. 그런데 박문수가 슬프게 곡을 하고 나오더니 갑자기 사람을 시켜 조관빈의 관을 가지고 나오도록 했다.

그리고 관을 열려고 하자 사람들이 크게 놀라 박문수를 만류하고 조관빈의 아들을 찾아가 이 소식을 전했다. 그런데 그 아들은 놀라기는커녕 박문수가 하고자 하는 대로 두라고 했다.

"해로울 것이 없다. 박공이 비록 우리 집안과 서로 원수가 되었지만, 절대로 우리 선인을 욕보이지는 않을 것이다. 그가 그렇게 하고자 한 데는 응당 무슨 까닭이 있을 것이다."

박문수가 관을 쪼개고 위쪽의 나무를 자르자 그 속에 길이가 한 치가 넘는 낫 끝이 들어 있었다.

나무를 벨 때 낫 끝이 부러져서 나무속으로 들어가 있었으나, 겉으로는 아무 표시가 나지 않아 관을 만들 때 미처 발견하지 못했던 것이다. 박문수는 관을 만든 목공을 불러 크게 꾸짖었다.

"네가 주의하지 않고 낫 끝이 관의 나무속에 들어가게 했으니 만년유택(萬年幽宅: 무덤)에 어찌 후환이 없겠는가."

조관빈은 관을 새로 짜서 무사히 장사를 지냈다. 이로부터 두 집 자손이 비록 서로 만나지는 않아도 환란이 있을 대면 언제나 서로 힘껏 도와주었다.

타고난 기지와 능력으로 탐관오리들을 벌하고 백성을 도왔던 암행어사, 박문수. 그는 공적인 관계에서 개인적인 감정을 내세워 상대를 위험에 빠뜨리지 않고, 오히려 상대를 존중하고 서로 발전시키는 동료로서 대했다. 이런 태도는 오늘날에도 되새겨봐야 할 공직자의 덕목이다.

[출처] 부산시보(다이내믹 부산), 2012.07.17. 김정희 기자
https://www.busan.go.kr/news/totalnews01/
view?dataNo=37581&gugun=Prev

전국을 떠돌아다녔던
암행어사 박문수 선생이 한 말

– '일찍이 어사 박문수는 조선지 전라도요, 전라지 광양이라며, 광양을 조선에서 가장 살기 좋은 고을로 꼽았다. 즉, 팔도에서 전라도가 가장 살기 좋고, 전라도에서는 광양이 으뜸이다.'

– 생거부안: 생거부안 '생거(生居)'란 '살기 좋은 곳' 또는 '살아서 좋은 곳'이라는 의미로 '생거부안'이란 호칭은 조선 영조시대 암행어사 박문수가 "어염시초(물고기·소금·땔나무)가 풍부해 부모를 봉양하기 좋으니 '생거부안'이로다"라고 한 말에서 비롯됐다.

– 조선시대엔 산수 좋은 고을 중에서 맨 처음 꼽았을 만큼 전남 장성은 자연경관이 빼어나고 풍광이 수려해서 '생거장성(生居長城)'이란 말까지 등장해, 살기 좋은 곳으로 정평이 자자했다. 또 조선 팔경이라고 불리는 백양산과 1300년의 역사를 지닌 백양사가 있는 고장이기도 하다. 전국을 떠돌아다녔던 암행어사 박문수는 "산수가 좋기는 첫째가 장성이고 둘째가 장흥이라"고 했을 정도로 아름다운 자연을 지닌 곳으로 평했다.

대한민국 드림 내각 구성

국무총리

– 황희 정승(가장 이상적인 영의정으로 청렴결백의 대명사)

1) 기획재정부

– 장관 김육(백성들을 위해 대동법의 완전 실시를 주창)

– 차관 조만식(물산장려운동)

2) 교육부

– 장관 도산 안창호(독립운동가지만 대성학교를 세운 분)

– 차관 소파 방정환(어린이 사랑은 둘째가라면 서러운 분)

3) 통일부

– 장관 김구(남북통일 노력)

– 차관 문익환(통일에 대한 열정이 많죠)

4) 외교부

－ 장관 서희(거란과 외교적 담판으로 강동 6주 획득)

5) 법무부

－ 장관 최승로(시무 28조 고려 왕조의 기틀)

6) 국방부

－ 장관 이순신(임진왜란에서 보여준 살신성인 정신)

－ 차관 을지문덕(고구려의 대표적 장군)

7) 안전행정부

－ 장관 박문수(암행어사로 전국의 상황 파악이 가능한 분)

－ 차관 허균(홍길동전 저자·소외된 계층에 대한 애정)

8) 미래창조과학부

－ 장관 장영실(측우기 발명)

9) 문화체육관광부

－ 장관 허난설헌(우리나라 최초의 베스트셀러 작가)

－ 차관 신사임당(우리나라의 대표적인 어머니상)

10) 농림축산식품부

- 장관 전봉준(농학혁명지도자·농민의 고통을 잘 아는 분)

- 차관 우장춘(씨 없는 수박 만든 분)

11) 보건복지부

- 장관 허준(동의보감 저술)

- 차관 서장금(대장금)

12) 고용노동부

- 장관 정약용(거중기를 만든 것처럼 노동자들의 어려움을 덜어줄 것임)

13) 해양수산부

- 장관 장보고(청해진 대사)

14) 국토교통부

- 장관 김정호(전국의 지리를 알고 있으므로 교통문제를 해결할 것임)

박문수의 후반생, 남양주 능내

    박문수의 경기도 남양주시 능내면 마현에 입향에 관하여 년보(年譜)를 옮겨 보면 1751년(영조 27년) 그가 61세 되던 해 4월에 배를 타고 초천 (苕川)에 갔다. 자신이 노후 전원생활을 할 곳을 늘 생각하던 차에 1750 년 나랏일로 관동에서 돌아오는 길에 보아 둔 초천이 생각나서 당도하여 보니 이미 정씨(丁氏) 일문이 마음이 즐겁고 평화롭게 살고 있었다. 마재 마을에는 누대를 나주 정씨(羅州丁氏)가 즉 정약용 집안이 살아왔던 마을이다.

    다산의 임청정기(臨淸亭記)를 분석하여 보면 병조참의 정시윤 공이 죽은 지 60여년이 지난 후 판서 박문수가 정시윤이 초천에 지은 '임청정'이 탐이 나서 많은 돈을 주겠다고 꾀어 마침내 박씨의 소유가 되었다고 기록하였는데 박문수의 입향년은 1751년경이다. 박문수(朴文秀)의 마현(馬峴) 입향에 관하여는 이미 언급한 바와 같거니와 지금 '대가(大家)' 음식점 자리에는 몇 해 전까지도 박문수 고가(古家) 터의 주초석(柱礎石)이

옛 모습 그대로 땅에 박혀 있었다. 그러나 이 주초석들은 집터에서 동쪽으로 약200여m 지점에 한 카페의 정원에 있다.

그 수효가 무려 95개인 것으로 미루어 그 규모를 짐작하니 아마도 남양주에서는 가장 큰집이 아니었나 추측해 본다. 고 건축가의 자문을 얻은 바에 의하면 주초석 한 개가 한옥 한간(間)으로 계산하면 우리 평민들이 지을 수 있는 한계가 99간이기 때문에 주초석 4개 정도가 없어진 것으로 보아야 한다. 구전으로만 듣던 박문수 고가에 대한 결정적 단서(端緖)를 제공한 것은 고령박씨 문중의 묘표(墓表) 4점이 발견된 2006년 12월 초였다.

결과는 박문수의 10대 조부 박수림(朴秀林: 교하현감)과 그 배위(配位) 청주 한씨(淸州 韓氏), 아드님 박시손(朴始孫), 손부(孫婦) 숙부인 여양(驪陽) 진씨(陳氏)등 4기인 것으로 판명되었다. 여양진씨는 박심(朴諶: 참봉)의 부인이다. 이 비석들은 한결같이 박문수 근식(謹識)으로 되어 있으며 박문수의 유일한 필적인 안성 오명항토적송공비(吳命恒討賊頌功碑)뿐이었는 바 고택지 부근에서 그의 글씨를 다량으로 접할 수 있는 행운은 물론이려니와 사료적 가치 또한 크다고 할 수 있다.

입비(入碑)의 연대 역시 숭정후재무오(崇禎後再戊午)인바 1738년(영조 14)으로 입향한 1751년과는 13년 전이 된다. 한 가지 추상적으로 생각해 볼 수 있는 것은 박문수는 평시에도 이곳 마현 근처를 자주 출입한 것 같다.

묘표 4기가 나란히 정렬하여 누워 있는 것도 을축대홍수(乙丑大洪水: 1925) 때 묘소와 가옥이 유실되고 박문수의 후손들이 이사 갈 때 비석을 묻고 떠난 것으로 보인다. 마을 노인으로부터의 증언인바 대홍수 때 많은 양의 고서(古書)등이 유실되었다는 이야기를 들었으며 또 다른 한편으로는 한국전란 때 중공군들이 수십 마차(馬車) 분량의 책을 싣고 갔다는 증언도 있었다.

마현에서 박문수의 후예들은 그가 입향한 이후 약 200여 년 (1751~1951)에 거쳐 세거한 것으로 보인다. 박문수의 증손으로 공조와 형조판서를 지낸 영선군(靈善君) 박영보(朴永輔: 1808)의 자호가 열수(洌水)요, 뒤는 소천(苕川)이라 한 것도 지역과 일치한다.

[출처] Daum 블로그, 2008.03.21.
https://blog.daum.net/gijuzzang/2954187

다산의 심기를 불편하게 했던 암행어사 박문수

다산 정약용과 어사 박문수의 흔적이 녹아 있는 마현마을은 옛날 암행어사 박문수가 살았던 집인데 다시 지었다고 한다. 당시 규모가 99칸이었다니 대갓집이어서 다산은 자신의 집에서 넘어지면 닿을 거리에 있는 집이 못마땅했다고 한다.

요즘말로 강변 조망권 문제인지 사상이 달라서인지 확인할 수는 없지만 불편하게 지냈음은 확실하다. 박문수가 세상을 뜬 지 8년 째 되던 해에 다산이 태어났으니 둘은 단 한 번이라도 만나지 못했다. 하지만 어린 시절 중인 신분으로 살아야 했던 다산으로서는 대갓집을 바라보는 마음 편치만은 않았을 것 같다. 300여 년 전의 일이니 자세한 것까지야 알 수 없지만 어사 박문수가 살았던 집은 분명했다.

다산에 비해 탄탄대로의 한성판윤을 거쳐 예조판서와 우참찬에 올라 길을 걸었던 박문수였으니 대갓집을 소유할 수도 있겠다는 생각이 들었다. 9칸 집은 예로부터 청주 한 씨가 거세하던 마을로 원래는 어사 박문수 누나 집인데 후에 박문수 선생이 샀다고 한다.

[출처] 오마이뉴스 | 2007.03.29. 강기희 기자
http://www.ohmynews.com/NWS_Web/View/
at_pg.aspx?CNTN_CD=A0000400483

박문수 종가의 가계부 시초
– 양입제출

　현재까지 밝혀진 자료에 의하면 가계부 기록의 시초는 조선 영조 때인 1733년에 작성된 박문수 종가의 가계부 『양입제출』에서 찾을 수 있다. 기록방법이 오늘날의 가계부와 비슷하게 되어 있는데, 수입으로서 논밭에서의 생산량, 각 지방에서 올라오는 선물, 농경지의 경작료 등을 합산한 다음, 이를 기반으로 매달 지출하는 액수를 기록하였다. 당시의 생활비 중 가장 큰 비중을 차지하는 것은 명절을 쇠는 비용이며, 다음이 하인들의 새경과 검소한 생활비 지출 등의 양상이 가계부를 통해서 나타나고 있다.

[출처] 한국민족문화대백과사전: 가계부(家計簿)
http://encykorea.aks.ac.kr/Contents/Item/E0000032

자생적인 팬클럽

어사시절 자신들을 위해 베푼 선정에 마음을 빼앗기기 시작하였던 각 고을의 백성들이 박문수! 박문수!를 연호하기 시작하였다. 백성을 위한 선정이 무엇인가를 몸소 보여줌으로써 그는 서서히 '박짱'이 되어가고 있었던 것이다.

[출처] NAVER 블로그, 2011.02.25. 김삿갓의 주유천하(酒有天下)
https://m.blog.naver.com/PostView.naver?isHttpsRedirect=
true&blogId=vivaksg7&logNo=10103913274

마패봉(마역봉)

　마역봉(馬驛峰)은 충청북도 괴산군과 충주시, 경북 문경시에 걸쳐 있는 해발 927m 산으로 마역봉이라고 하였으나 암행어사 박문수가 이 산을 넘을 때 조령 제3관문에서 쉬면서 마패를 관문 위의 봉우리에 걸어놓았다고 해서 마패봉이라 불리고 있다.

[출처] 오마이뉴스 ｜ 2014.01.03. 이용준 기자
http://www.ohmynews.com/NWS_Web/View/
at_pg.aspx?CNTN_CD=A0001943510

어사 박문수가 설날 꼬마에게 혼쭐난 이유는?

설날 아침에는 모두 떡국을 먹는데 왕실에서부터 양반·서민에 이르기까지 흰떡으로 만든 똑같은 음식을 먹었다. 날씨가 춥거나 차가 막혀도 새해엔 고향을 찾아 유독 가족과 함께 설을 쇠려고 한다. 이는 객지에 나간 자식은 집에 돌아와 부모를 모시고 지내야 하며 그렇지 못한 자식은 실로 불효막심하다고 여겨졌다.

그런 뜻으로 '설에도 부모를 모르다니'라는 속담이 전해진다. 이 속담의 유래와 관련된 얘기. 조선시대 영조 때 어느 섣달 그믐밤에 어사(御使) 박문수(朴文秀)가 민정을 살피러 삼남 각지를 돌아다니던 중 어느 촌집에 들러 사랑채 윗방에서 부득이 설을 쇠게 됐다. 아랫방에서 여남은 살 먹은 아이가 원님 놀이를 하고 있다가 박 어사를 보고 매우 위엄 있고 정중하게 나무랐다.

"너 이놈, 아무리 어명을 받고 다닌다고 하지만 양친 부모가 집에 계신

자라. 지금이 섣달그믐이라 연로하신 부모가 너 오기를 눈이 빠지게 기다리는데 이 설 대명절에 크게 요긴한 일도 없으면서 타관 객지에 머물러 있으니…. 집안에는 불효요, 집 밖에는 민심 소란 죄라, 그 죄가 어이 가볍다고 하리? 저놈을 매우 쳐라."

그래서 박 어사는 잘못했다고 싹싹 빌었다. 그랬더니 꼬마 원님이, "저 자가 뉘우쳤으니 다시 저 밖에 곱게 모시도록 하라"고 했다. 이 일 이후로 박 어사는 섣달그믐에 암행(暗行)을 다니지 않았다고 한다.

[출처] 오마이뉴스 | 2014.01.31. 정연화 기자
http://www.ohmynews.com/NWS_Web/View/
at_pg.aspx?CNTN_CD=A0001953614

암행어사 박문수의 후예는
감사원 특별조사국 감사관

조선시대의 감사제도 중에서 가장 특이한 것은 16세기 초에 생긴 '암행어사' 제도이다. 조선시대 군주는 이른바 권설직(임시직)인 어사를 지방에 수시로 파견하여 지방행정 및 민심의 실태 등을 파악하고 지방관의 부정과 횡포를 규찰·탄핵케 했던 것이다. 현재의 감사원 조직 중에서 '특별조사국'이 바로 '암행어사의 후예'들이다.

감사원의 본령이 정부기관에 대한 '회계감사'와 공직자에 대한 '직무감찰'이듯이 감사원의 '양끗발' 부서는 기관에 대한 회계감사를 담당하는 재정·금융 감사국과 공직자에 대한 암행직무감찰을 담당하는 특별조사국이다. 이 가운데서도 이른바 '감사원 5국'으로 더 유명한 특별조사국은 일반인에게는 낯설지만 공무원들이라면 누구나 다 대면하기를 꺼리는 실세 기관이다(5국은 '숫자'로 익명화된 기관명을 한글 이름으로 바꾸면서 특별조사국으로 바뀌었다). 5국 감사관들은 투서와 진정 등 자체적으로 입수한 비위정보를 토대로 전국 어느 곳이든 가리지 않고 암행감찰을 한다.

[출처] 오마이뉴스 | 2005.02.13. 김당 기자
https://news.naver.com/main/read.naver?mode=LSD&mid=
sec&sid1=100&oid=047&aid=0000058255

박문수 수호신
- 문수신

　민초들 사이에선 그의 어사 시절에 관하여 갖가지 민담이 전해 내려오고 있다. 이런 이미지 때문인지 그가 빈민 구제 활동을 활발히 펼친 영남 지역에서는 신격화되기까지 했으며 특히 경상북도 영양군에서는 아예 마을의 수호신으로 모신 서낭당을 만들어 지금도 제사를 지내는 곳도 있다. 박문수가 실제로 암행어사와 관찰사로 활약한 지역은 영남 지역뿐이지만 영남 지방을 제외한 지방에도 박문수가 왔다갔다는 설화가 있을 정도로 일반 백성들한테 명성을 떨쳤다.

[출처] 나무위키 ｜ 2005.02.14. 박문수
https://namu.wiki/w/%EB%B0%95%EB%AC%B8%EC%88%98

박문수의 대표적인
성격과 일화

　1937년(영조 13)에 박문수의 급한 성격을 보여주는 사건이 있었다. 박문수의 정치적인 대부이며 외가 경주이씨 집안어른이면서 평소 사표로 삼고 있던 영의정 이광좌(李光佐)가 조정에서 백성들을 구휼하는 방도에 대한 이야기를 하는데 박문수가 계속 말을 가로채자 이광좌가 박문수의 처벌을 요청한 일도 있었다.

박문수의 중매담

최근 우리나라는 결혼 추세가 혼인을 기피하거나 사회 활동하느라 만혼인 경우가 많다. 조선후기인 1730년(영조 6)에는 박문수는 전국을 순행하면서 나이 많은 처녀와 총각을 중매하여 혼인을 돕기도 했고 역설하는 등 백성들의 생활상을 세심하게 배려하기도 했다.

박문수의 친가 고령박씨와 외가 경주이씨의 관계

박문수의 증조부 박장원의 주 활동 무대는 경기도 장단이다 보니 묘도 파주시 진동면 민통선 지역 내에 있으며 박문수 외삼촌 이태좌 활동무대 였고 외사촌 이종성도 장단군 관내에 묘가 있다. 박문수의 어머니는 이항복 증손 이세필(李世弼)의 따님이다. 이런 관계로 박문수는 외숙인 이태좌에게 이종성 등과 함께 수학하였다. 그리고 이항복의 현손 이광좌(李光佐)를 사표로 삼았다. 이런 인연으로 박문수의 조부 박선(朴銑)의 묘갈명을 이광좌가 찬하였다. 이는 양 가문이 혼인과 사승 관계로 긴밀하였음을 보여준다.

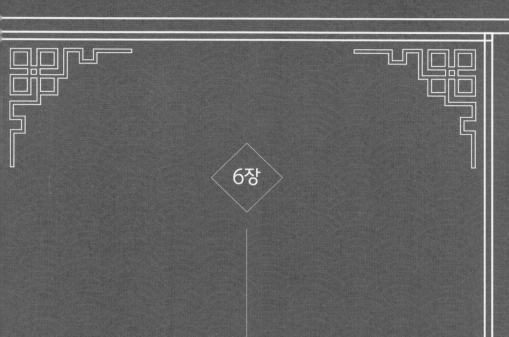

6장

암행어사 박문수 관련 문화 탐방

암행어사박문수문화관(관장 장승재)은 조선시대 슈퍼스타 정의사도 암행어사 박문
수의 얼을 기리기 위한 현장 탐방 프로그램을 출시했다. 어사 박문수의 애국 애족 정신
과 충효 정신 정체성 부여, 박문수 탐방을 통한 역사적 의미를 담아 교훈적인 요소 최대
부각, 박문수를 올바르게 이해하고 진정한 의미의 교훈과 함께 발전을 위해 프로그램
을 소개한다.

평택으로 떠나는 조선시대 역사 인물 탐방

일정표 및 방문지

진위역 – 암행어사박문수문화관 – 박문수 출생지 답사 – 암행어사길 걷기체험 – 중식 – 삼봉기념관 – 원균장군 묘 – 김육의 대동법기념시행비 – 평택역

- **주제어**

    조선시대 역사인물 (정도전, 김육, 원균, 박문수) 평택역사문화, 삼남길

- **주요 방문지**

    ### 1) 평택 진위

    – 평택 옛 중심지: 진위현 진위관아, 진위객사, 진위초교역사, 진위패거리

    – 조선후기 5대 남사당패: 진위패 본거지 봉남리, 고종4년 경복궁 공연

2) 암행어사박문수문화관

– 박문수관, 향토관, DMZ관, 기념품/매점, 도서판매 플랫폼/사랑방

3) 암행어사 박문수길 답사

– 생가터: 봉남3리(아곡마을)

– 진위현 옛길: 삼남대로(삼남길)/이순신 백의종군길

– 암행어사 박문수길: 국도1호선

4) 진위천 유원지

– 과거 夢中登科 급제 「落照」 詩 根源地 스토리

5) 삼봉 기념관

– 문헌사: 삼봉 정도전 사당

– 삼봉 정도전 기념관

6) 원균 사당

– 원릉군기념관: 원균장군 기념관

– 원균 장군 묘와 愛馬(말) 스토리

7) 대동법시행기념비

 - 김육: 김육평전

8) 체험

 - 암행어사길 1Km 걷기

9) 집성촌 종문

 - 경주이씨 종친(이항복, 이태좌, 이광좌, 이시영)/봉화정씨 종친(삼봉 정도전)

 - 원주원씨 종친(원균 장군)/청풍김씨(박문수처가)

 ※ 고령박씨 종친(박문수)

평택 진위 조선역사 문화와
송탄관광특구 여행

일정표 및 방문지
진위역 – 박문수문화관 – 암행어사길 걷기체험 – 중식 – 진위향교 – 진위천 – 삼봉기념관 – 원균 – 장군묘 – 송탄관광특구 – 송탄역

- **주제어**

    조선시대 인물(박문수, 정도전, 원균), 송탄관광특구, 평택관광

- **주요 방문지**

1) 평택 진위

– 평택 옛 중심지: 진위현 진위관아, 진위객사, 진위초교역사, 진위패거리

– 조선 후기 5대 남사당패: 진위패 본거지 봉남리, 고종 4년 경복궁 공연

2) 암행어사박문수문화관

– 박문수관, 향토관, DMZ관, 기념품/매점, 도서판매 플랫폼/사랑방

3) 암행어사 박문수길 답사

– 생가터: 봉남3리(아곡마을)

– 진위현 옛길: 삼남대로(삼남길)/이순신 백의종군길

– 암행어사 박문수길: 국도 1호선

4) 진위천 유원지

– 과거 夢中登科 급제 「落照」 詩 根源地 스토리

5) 삼봉 기념관

– 문헌사: 삼봉 정도전 사당

– 삼봉 정도전 기념관

6) 원균 사당

– 원릉군기념관: 원균장군 기념관

– 원균 장군 묘와 愛馬(말) 스토리

7) 송탄관광특구

- 평택국제중앙시장: 문화유산의 전통미와 이국적 묘미 개별관광

8) 체험

- 암행어사길 1Km 걷기

- 진위천에서 레일바이크(4인1조)

9) 집성촌 종문

경주이씨 종친(이항복, 이태좌, 이시영)/봉화정씨 종친(삼봉 정도전)

원주원씨 종친(원균 장군)

※ 고령박씨 종친(암행어사 박문수)

암행어사 박문수 선생 전문 탐방

일정표 및 방문지

출발지 − (평택)박문수문화관 − 암행어사길 걷기체험 − (안성)오명항장군 승공비 − 칠장사 − 천안)고령박씨 종중재실 − 박문수 묘 − 도착지

- **주제어**

  평택과 안성 및 천안의 영성군 박문수 문화유산

- **주요 방문지**

1) 평택/진위

- 평택 옛 중심지: 진위현 진위관아, 진위객사, 진위초교역사, 진위패거리

- 조선후기 5대 남사당패: 진위패 본거지 봉남리, 고종4년 경복궁 공연

- 남사당 진위패거리: 유세기 안성경찰간부, 공연허가, 봉남리, 안성청룡사

2) 암행어사박문수문화관

- 박문수관, 향토관, DMZ관, 기념품/매점, 도서판매 플랫폼/사랑방
- 진위면방문자센터(진위향토관/안내)

3) 암행어사 박문수길 답사

- 생가터: 봉남3리(경주이씨 아곡마을)
- 진위현 옛길: 삼남대로(삼남길)/이순신 백의종군길
- 암행어사 박문수길: 국도1호선

4) 진위천 유원지

- 과거 夢中登科 급제 「落照」詩 根源地 스토리

5) 안성

- 오명항장군승공전적비
- 칠장사

6) 천안

- 고령박씨 종중재실
- 병조판서 박문수 묘

경기남부&충남북부
역사 인물 1박 2일 여행

일정표 및 방문지

1일차: 출발지 – 암행어사박문수문화관 – 암행어사길 걷기체험 –
삼봉기념관 – 원균장군묘 – 대동법시행기념비 – 미리내성지 – 황룡사
– 바우덕이기념관

2일차: 유관순기념관 – 고령박씨 종중재실 – 이동녕 선생 생가터
– 천안박물관 – 맹사성생가 – 현충사 – 이순신장군묘 –
원효대사깨달음체험관/수도사 – 도착지

- **주제어**

  역사인물 유적 탐방, 박문수, 정도전, 원균 장군, 김육 선생, 바우덕이, 김대
  건 신부, 유관순, 이동녕 선생, 맹사성 선생, 이순신 장군, 원효대사

- **주요 방문지**

  1) 평택 진위
  - 암행어사박문수문화관
  - 엄행어사길 걷기체험
  - 삼봉기념관: 조선개국 기획자 정도전
  - 원균장군 기념관 및 묘
  - 대동법시행기념비: 김육
  - 원효대사깨달음체험관/수도사: 원효대사

  2) 안성
  - 미리내성지: 김대건 신부
  - 황룡사/바우덕이

  3) 충남 천안
  - 유관순 열사 기념관
  - 이동녕 선생 기념관
  - 천안박물관

  4) 충남 아산
  - 맹사성
  - 현충사
  - 이순신 제독 묘

<프로그램 5>

조선 역사인물벨트 걷기 여행

일정표 및 방문지
출발지(진위역) – 암행어사박문수문화관 – 생가터 – 진위향교 – 진위천 – 삼봉기념관 – 원균장군묘 – 갈원/옥관자정 – 대동법시행기념비 – 도착지

　삼남대로 진위고을길과 소사원길 중에서 암행어사 박문수 출생지와 암행어사박문수문화관 그리고 조선건국의 기획자 삼봉 정도전 선생의 기념관을 연계해 새롭게 재구성해서 프로그램조선 역사인물벨트 걷기 여행을 운영하고 있다.

- **주제어**

　역사인물, 박문수, 정도전, 원균장군, 김육 선생, 삼남길, 백의종군길, 원균길, 삼봉길

- **주요 방문지**

1) 평택 진위

– 평택 옛 중심지: 진위현 진위관아, 진위객사, 진위초교 역사, 진위패거리

– 조선후기 5대 남사당패: 진위패 본거지 봉남리, 고종4년 경복궁 공연

2) 암행어사박문수문화관

– 박문수관, 향토관, DMZ관, 기념품/매점, 도서판매 플랫폼/사랑방

3) 암행어사 박문수길 답사

– 생가터: 봉남3리(아곡마을)

– 진위현 옛길: 삼남대로(삼남길)/이순신 백의종군길

– 암행어사 박문수길: 국도1호선

4) 진위천 유원지

– 과거 夢中登科 급제 「落照」 詩 根源地 스토리

5) 삼봉 기념관

– 문헌사: 삼봉 정도전 사당

– 삼봉 정도전 기념관

6) 원균 사당

– 원릉군기념관: 원균장군

- 원균 장군 묘(경기도기념물 제57호)와 愛馬(말) 스토리
- 원릉군원균선무공신교지(보물 제1131호)

7) 칠원

- 옥수정의 물맛이 뛰어나 옥관자의 벼슬을 내려 이 우물을 옥관자정
- 새마을운동 모범마을로 선정

8) 대동법시행기념비

- 김육 선생
- 경기도 유형문화재 제40호
- 조선시대에 소사원이라는 국영 주막이자 숙소를 설치

9) 집성촌 종문

- 경주이씨 종친(이항복, 이세필, 이태좌, 이광좌, 이시영)/봉화정씨 종친(삼
  봉 정도전)
- 원주원씨 종친(원균 장군)/청풍김씨(김육)
※ 고령박씨 종친(암행어사 박문수)

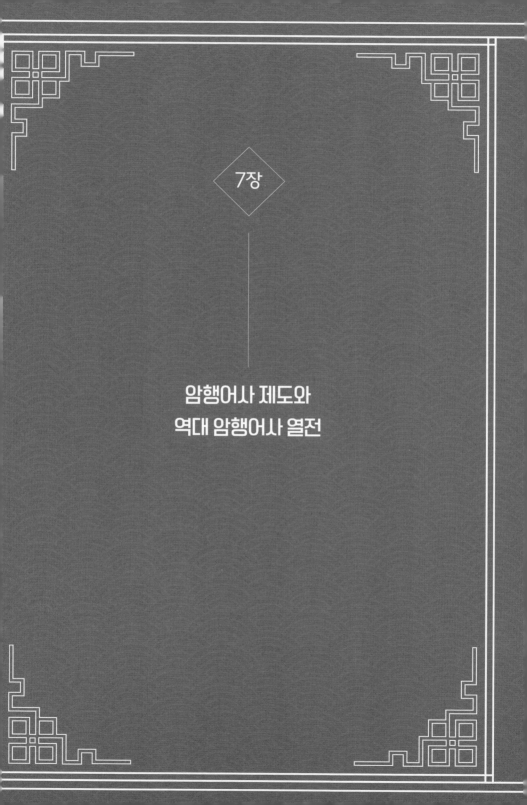

7장

암행어사 제도와
역대 암행어사 열전

암행어사 제도

1. 암행어사(暗行御使)의 개념

암행어사는 조선시대에만 있었던 임시관직으로 임금이 파견하는 왕의 밀지를 받고 파견되는 일종의 비밀 지방감찰 관리였다. 암행어사들은 대개 왕의 측근 중에서 나이가 젊은 엘리트들이 발탁되어서 사명감과 정렬을 갖고 지정된 지방을 누비며 백성들에게 왕의 통치방법을 홍보하고 지방관속과 토호의 불법과 탐학을 적발하고 탐관오리를 색출 처단함으로써 그들이 두려워하는 존재이다.

왕명을 받아 중요한 문제를 해결하러 파견되는 관리 암행어사는 임금이 친히 임명하는 비밀 특명사신인바 왕의 근시(近侍)의 당하조관(堂下朝官) 중에서 임시적으로 특명하여 지방을 밀견(密見)하고 고을 수령들의 부정과 비리를 적발하여 처결함은 물론 백성들의 어려움을 탐문하여 임금에게 복명하는 사신을 말한다.

중국에서도 이와 같은 직책의 관리를 지방에 파견해서 독찰한 일이 이었으나 제도화된 암행감찰은 우리나라만이 가진 것이었다고 역사가들은 말하고 있다.

2. 암행어사(暗行御史)의 역할

암행어사의 역할은 지정된 지방을 순회하면서 백성들의 억울함과 고통을 알아내어 해결해 주며 지방 관리의 불법을 적발하고 수령의 부정을 규찰하여 기강을 세우고 민심을 안정시키고 돌아와서는 국왕에게 민심을 정확히 보고하는 것이다. 즉 암행어사는 왕이 민심을 제대로 파악하기 위해 내보낸 것이었다. 그 결과 왕은 비교적 쉬운 방법으로 각 지방의 관리들을 감독해서 기강을 세우고 민심을 안정시킬 수 있었으며 어사(御使)들은 곳곳에서 보고들은 사건과 민의를 왕에게 보고함으로서 국왕의 눈과 귀의 역할을 하였다.

또한 암행어사의 주된 임무가 관청을 감사하여 부정부패를 적발하는 물론 보다 더 중요한 암행어사의 임무는 관의 횡포로 인한 민의 고충을 구제하는데 있었다.

그러므로 암행어사는 출두한 후 맨 먼저 감옥부터 살피는 것이 원칙으로 암행어사 출두는 황혼이 진 밤에 이루어지는 것이 보통이다. 암행어사는 신분을 숨겨야 했기에 공식적으로 수발꾼을 두 명만 거느리고 신분 노출을 우려하여 목적지만을 알려주고 따로 다녔다.

암행어사는 조선후기로 접어들면서 지방의 토착 세력이 난립하고 나라의 질서가 혼란했던 시기에 백성의 억울함을 풀어주고 타락한 관리들을 처벌하는 만능 해결사처럼 생각하였다. 따라서 가난과 폭정에 고통 받던 백성들에게는 더욱 선망의 대상이 되었다.

3. 암행어사(暗行御史) 제도 역사

암행어사 제도의 시작은 1399년(정종1년)에 행대를 각 도에 파견하여 암행으로 수령의 업무와 민간의 동향을 몰래 둘러보도록 한 것이다.

암행어사 용어가 처음으로 나타난 것은 중종 때로 중종실록(1509년, 중종4년) '암행어사 각 도(道)에 보내다'로 기록돼 있다. 선조 때는 암행어사에 대한 비판이 강하여 별로 파견하지 못하다가 인조 때 암행어사가 점차 제도화돼 영조11년(1735) 암행어사 추천정책 실현하여 이때부터 국왕 임명과 대신 천거로 임명하는 방법을 병행하였다. 암행어사 제도는 조선조 숙종(肅宗)시대부터 정조(正祖)시대까지 가장 많이 활용되었다. 이 기간은 조선시대를 통틀어 가장 민심이 안정되고 왕이 정치를 잘했다는 평을 듣는 시기였다. 암행어사가 파견되는 최초의 해인 1550년(명종5)부터 마지막으로 보이는 1897년(고종34)까지이다. 그 중에서도 영조(英祖) 때의 암행어사가 200명이 넘어서 단일 왕으로서는 가장 많은 것으로 나타난다. 이면상을 전라도 암행어사 파견을 끝으로 고종29(1892) 암행어사 제도 폐지됐다.

4. 어사(御使)의 종류

　일반어사는 이조(吏曹)에서 임명하고 공개적으로 활동하는 것에 비해서 암행어사는 왕이 직접 임명할 뿐 아니라 임명과 행동이 모두 비밀이었다는 것이다. 활동지역이 지정되었을 때는 '호남암행어사', '영남암행어사'와 같이 지역 명을 붙여서 부른 것이었으나 때와 상황에 따라서는 지역 명 대신 임무를 붙여서 이름 지어 보내는 경우도 있었는데 이 경우에는 대개 공개적으로 활동하게 되어서 암행어사와는 다른 것이었다. 어사는 파견목적에 다양하게 존재했다. 어사 중에 당하시종관(堂下侍從官)은 어사(御史), 당상관(堂上官)은 어사(御使)라고 하였다.

- **암행어사(暗行御史)** 관리들의 비리를 파헤치기 위해 비밀리에 파견하는 어사
- **별견어사(別遣御使)** 별견어사는 암행어사 외의 다른 어사를 지칭하는 일반 명사로 사용할 수 없는 영조대 특별한 임무를 띤 어사
- **일반어사(一般御使)** 특별 임무로 별도로 파견하는 어사
- **감진어사(監賑御史)** 지방의 기근 구호사업을 감독하기 위하여 왕이 파견한 특사로 진휼(굶주리거나 병에 걸린 이들을 구제) 업무를 감독하는 어사
- **안핵어사(按覈御史)** 지방에서 어떤 사건이 발생하였을 때 그것을 조사하기 위하여 왕명을 받아 파견되던 어사
- **순무어사(巡務御史)** 지방에서 변고가 일어났을 때 왕명으로 파견되는 어사
- **균전어사(均田御史)** 각 지방의 논밭을 정확히 측량하고 등급을 정하는 어사
- **안집어사(安集御史)** 고향을 떠난 농민들을 다시 고향으로 돌아가게 할 임무를 맡았던 어사

- **시재어사(試才御史)** 과거시험을 감독하기 위하여 지방에 파견하는 어사
- **독운어사(督運御史)** 세금이나 군량미 수송 감독하는 어사
- **감시어사(監市御史)** 청나라와 교역에서 부정행위를 감독하기 위해 파견하던 어사
- **시재어사(試才御使)** 과거 시험을 감독하기 위하여 지방에 파견하던 어사
- **구황어사(救荒御史)** 기근이 들었을 때 백성들 구제하는 실태를 살피기 위해 파견하는 어사
- **기타: 문민질고어사(問民疾苦御史)** 호패어사(戶牌御史), 한정수괄어사(閑丁搜括御史), 순찰 어사(巡察御使)

5. 암행어사(暗行御史)임명 시 수여품

봉서(封書)는 누구를 무슨 도의 암행어사로 삼는다는 신분표시와 임무의 내용이 적혀 있는 문서이고 사목(事目)은 암행어사의 직무를 규정한 책이다. 마패(馬牌)는 역마(驛馬)와 역졸(驛卒)을 이용할 수 있는 증패로 1마패에서~5마패 중 암행어사에게는 2마패가 지급되며 유척(鍮尺)은 검시(檢屍)를 할 때 쓰는 놋쇠의 자(尺)이다.

극비로 임명된 사신은 징복(徵服: 변장)을 하고 행동을 비밀스럽게 하여 누가 보아도 신분 노출이 되어서는 안 된다. 마패(馬牌)는 역마(驛馬)의 지급을 규정하는 패로서 발마패(發馬牌)라고도 하며, 암행어사는 이 마패(二馬牌)를 사용한다.

역대 암행어사 열전

1. 조선왕조계보(朝鮮王朝系譜) 1392~1910/5180여년

구 분	왕(임금)	즉위기간(년)	비 고
1대	태조	1392~1398(06)	
2대	정종	1398~1400(02)	
3대	태종	1400~1418(18)	
4대	세종	1418~1450(32)	
5대	문종	1450~1452(02)	
6대	단종	1452~1455(03)	
7대	세조	1455~1468(13)	
8대	예종	1468~1469(01)	
9대	성종	1469~1494(25)	
10대	연산군	1494~1506(12)	

11대	중종	1506~1544(38)	암행어사 용어 처음 사용 암행어사를 각 도(道)에 보냄
12대	인종	1544~1567(23)	
13대	명종	1545~1567(22)	
14대	선조	1567~1608(41)	암행어사 제도 비판, 파견 못함
15대	광해군	1608~1623(15)	
16대	인조	1623~1649(26)	점차 암행어사 제도화
17대	효종	1649~1659(10)	
18대	현종	1659~1674(15)	
19대	숙종	1674~1720(46)	
20대	경종	1720~1724(04)	
21대	영조	1724~1776(52)	암행어사 추천정책과 국왕극비 임명병행 탕평/어사박문수
22대	정조	1776~1800(24)	
23대	순조	1800~1834(34)	
24대	헌종	1834~1849(15)	
25대	철종	1849~1863(14)	
26대	고종	1863~1907(44)	대한제국 1대 황제 1892년(고종29) 이면상 전라도 암행어사 파견 끝으로 폐지
27대	순종	1907~1910(03)	

2. 조선시대 유일한 관료제도로 명종이후 3500여 년간 파견된 어사 6000여 명

번호	성 명	시 대	활동 내용	비 고
1	정만석	정종		
2	신종학	성종	문장(文章)	
3	조 위	성종	풍채(風彩)	
4	이 황	중종	암행어사 기록	※ 퇴계
5	조광조	중종	도학자	
6	조종경	중종		
7	이 계	인조	전라도 암행어사	
8	성이성	인조	춘향전 이몽룡의 모델	※ 이몽룡시
9	홍남파	효종	남중미색	
10	김수홍	현종	영의정 출신	※
11	남구만	숙종		※
12	김우항	숙종		
13	채제공	영조		※
14	이종백	영조	기지가 뛰어난 함경도 관찰사	
15	박문수	영조	영조 소울메이트, 어사 대표	※ 균역법
16	이종성	영조	박문수와 이종사촌 간	※ 영의정
17	홍양한	영조	호남어사 활동, 태인에서 사망	
18	이익보	영조		

19	이성휴	영조		
20	심환지	정조	정조 때 재상	
21	이곤수	정조	학문이 뛰어나 정조가 총애	
22	구윤명	정조	전톤율보 저자	※
23	심기태	정조	조선 최고의 암행어사 왕의 극찬	※
24	정약용	정조	경기도 암행어사 /적성촌에서	※ 실학자
25	김정희	순조	충청도 암행어사	※ 추사
26	박래겸	순조	서수일기 저자	
27	김만중	현종		
28	이건창	고종	평생 외국의 침략에 맞섬/ 한말4대가	※ 마지막어사 2회
29	박규수	고종	개화사상가, 김옥균, 박영효 스승	※
30	조만영	고종		
31	이시발	고종		
32	박정양	고종	1881년 신사유람단	
33	이면상	고종	전라도 암행어사 끝으로 제도 폐지	1892(고종29)

대표적인 암행어사

조선 최고의 실학자를 돕고 진실을 규명했다는 데 있을 '조선 최고의 실학자' 다산 정약용, '금석학의 대가' 추사 김정희, '정조시대의 명재상' 채제공 등도 한때 암행어사 직을 수행한 적이 있었다. 하지만 이 사실을 아는 사람은 그리 많지 않다. 이 쟁쟁한 인물들을 제치고 암행어사의 전설로 기억되는 인물은 박문수(朴文秀)가 있었기 때문이다. 명종이후 350여 년간 파견된 어사 600여 명이 활동했으며 대표적인 암행어사의 평전을 적어본다.

1. 조광조(趙光祖, 1482~1519)

본관은 한양(漢陽). 자는 효직(孝直), 호는 정암(靜菴). 시호는 문정(文正)이다. 한성 출생. 개국공신 조온(趙溫)의 5대 손이며, 조육(趙育)의 증손으로, 할아버지는 조충손(趙衷孫)이고, 아버지는 감찰 조원강(趙元綱)이다.

17세 때 어천찰방(魚川察訪)으로 부임하는 아버지를 따라가, 무오사화로 화를 입고 희천에 유배 중이던 김굉필(金宏弼)에게 수학하였다. 이때부터 성리학 연구에 힘써 김종직(金宗直)의 학통을 이은 사림파(士林派)의 영수가 되었다. 1510년(중종 5) 사마시에 장원으로 합격, 진사가 되어 성균관에 들어가 공부하였다. 1515년(중종 10) 조지서사지(造紙署司紙)라는 관직에 초임되었다. 가을 별시문과에 을과로 급제하여 전적·감찰·예조좌랑을 역임하게 되었고, 이때부터 왕의 두터운 신임을 얻게 되었다. 그는 유교로써 정치와 교화의 근본을 삼아야 한다는 지치주의(至治主義)에 입각한 왕도정치의 실현을 역설하였다. 저서로『정암집』이 있다.

2. 이황(李滉, 1501~1570)

조선시대 이름난 학자였던 퇴계 이황도 암행어사였다. 1534년 과거에 급제하고, 여러 관직을 거쳐 충청도 암행어사를 지냈고 나중에는 대제학에까지 이르렀다. 또한 이황은 청렴결백하여 재물이라고는 방안의 책밖에 없는 검소하고 고결한 삶을 산 청백리였다.

이황은 시문을 잘 짓고 글도 잘 썼으며, 겸허한 성격을 지닌 대학자로 크게 존경을 받았다. 오늘날도 그의 학문은 세계에 널리 알려져 있으며 지은 책으로는『퇴계집』,『성학십도』등이 유명하다.

3. 성이성(成以性, 1595~1664)

32세 1627년(인조 5) 식년시(式年試) 병과1(丙科1)에 급제하여 1637년 (인조 15) 호남암행어사, 1639년(인조 17) 암행어사, 1647년(인조 25) 호남암행어사로 활약하다 『호남암행록』이라는 문집을 남겼다. 행적으로 춘향전의 이몽룡 모델로 추측되고 있다. 유명한 이몽룡의 시 금준미주천인혈(金樽美酒千人血)은 변사또의 생일잔치에 어사 성이성(이몽룡)이 말석에 앉아 술 한 잔에 안주 한 점 얻어먹고 읊은 시로 호남 암행어사 수행중에 실제로 지은 것이다.

金樽美酒(금준미주)는 千人血(천일혈)이요
– 금 술잔에 담긴 향기로운 술은 민중의 피요
玉盤佳肴(옥반가효)는 萬姓膏(만성고)라
– 화려한 쟁반에 담긴 좋은 안주는 만백성의 기름이라
燭淚落時(촉루낙시)에 民淚落(민루낙)하니
– 호사한 촛대에서 흐르는 촛물은 민중의 눈물이니
歌聲高處(가성고처)에 원성고(怨聲高)라
– 노랫소리 높은 곳에 원망하는 소리 높구나

이 시대의 탐관오리들….
탐욕이 너희를 벌하리라….

4. 김수홍(金壽弘, 1601~1681)

본관은 안동(安東). 조부는 우의정 김상용(金尚容)이며, 부친은 호조정
랑 김광환(金光煥)이다. 1624년(인조 2) 진사가 되고, 1636년 성균관유
생으로 후금의 사신 용골대(龍骨大)를 참살하고 그 국서(國書)를 소각할
것을 상소하였다. 음보(蔭補)로 기용되어 1666년(현종 7) 공조정랑, 1674
년(숙종 즉위년) 장령(掌令), 이듬해 승지, 1676년 호조참판 등을 거쳐
1681년 지돈녕부사를 역임하였다.

5. 남구만(南九萬, 1629~1711)

본관은 의령(宜寧). 자는 운로(雲路), 호는 약천(藥泉) 또는 미재(美齋).
개국공신 남재(南在)의 후손으로, 할아버지는 남식(南烒)이고, 아버지는
현령 남일성(南一星), 어머니는 권엽(權曄)의 딸이다. 1651년(효종 2) 진
사시에 합격하고, 1656년(효종 7) 별시 문과에 을과로 급제해 가주서·전
적·사서·문학을 거쳐 이듬해 정언이 되었다.

1659년(효종 10) 홍문록에 오르고 곧 교리에 임명되었다. 1660년(현종
1) 이조정랑에 제수됐고, 1662년 영남에 어사로 나가 진휼 사업을 벌였고,
1668년(현종 9) 안변부사·전라도관찰사를 역임했다. 1674년(현종 15) 함경
도관찰사로서 유학(儒學)을 진흥시키고 변경 수비를 튼튼히 했다. 서화에
도 뛰어났으며, 시조 「동창이 밝았느냐」가 『청구영언(靑丘永言)』에 전한다.

6. 구윤명(具允明, 1711~1797)

　본관은 능성(綾城). 자는 사정(士貞), 호는 겸산(兼山). 구종주(具宗柱)의 증손으로, 할아버지는 구혁(具爀)이고, 아버지는 한성판윤 구택규(具宅奎)이며, 어머니는 홍우채(洪禹采)의 딸이다. 이조를 제외한 육조의 판서를 두루 거문신이며 의학자다.

　1743년(영조 19)에 정시문과에 병과로 급제, 지평(持平)·장령(掌令)을 거쳤다. 당시 상신(相臣: 영의정·좌의정·우의정의 총칭)인 조현명(趙顯命)으로부터 황경원(黃景源)·정실(鄭案)·윤광소(尹光紹)와 함께 문장의 자질을 높이 평가받았다.

　암행어사로는 35세 1746년(영조 22) 관서암행어사, 46세 1757년(영조 33) 관동안집어사로 활동했다. 1749년 이후 약 14년 동안은 주로 승지로 있으면서 왕실과 가까운 훈척 중의 인재로서 영조의 깊은 신임을 받았다. 1757년 채제공(蔡濟恭)·조명정(趙明鼎)과 함께 어제편차인(御製編次人)에 뽑혀서 『열성지장(列聖誌狀)』을 편집하였고, 1791년(정조 15) 정조의 명으로 『무원록(無冤錄)』을 언해하였다.

7. 채제공(蔡濟恭, 1720~1799)

　본관은 평강(平康). 자는 백규(伯規), 호는 번암(樊巖)·번옹(樊翁). 할아버지는 채성윤(蔡成胤)이고, 아버지는 지중추부사 채응일(蔡膺一)이다. 어머니는 이만성(李萬成)의 딸이다. 1735년(영조 11) 15세로 향시에 급제한 뒤 1743년 문과정시에 병과로 급제하여 승문원권지부정자에 임명되면서 관직 생활을 시작하였다.

1753년에 충청도 암행어사로 균역법의 실시과정상의 폐단과 변방대비 문제를 진언하였고 영조의 깊은 신임과 함께 약방제조로 병간호를 담당하기도 했고, 정조가 왕세손으로 대리청정한 뒤에는 호조판서·좌참찬으로 활약하였다. 1788년 국왕의 친필로 우의정에 특채되었고, 이 때 황극(皇極)을 세울 것, 당론을 없앨 것, 의리를 밝힐 것, 탐관오리를 징벌할 것, 백성의 어려움을 근심할 것, 권력기강을 바로잡을 것 등의 6조를 진언하였다.

저서로 『번암집』 59권이 전하는데, 권두에 정조의 친필어찰 및 교지를 수록하였다. 그는 『경종내수실록』과 『영조실록』·『국조보감』 편찬 작업에도 참여하였다.

8. 심기태(沈基泰, 1728~미상)

본관은 청송(靑松)이고 자는 선여(善輿)이다. 증조부는 심유(沈瑜)이고, 조부는 심명열(沈命說)이다. 부친 심진(沈鎭)과 모친 이경신(李敬臣)의 딸 사이에서 태어났다.

1768년(영조 44) 식년시에 진사로 합격하였고, 1773년(영조 49) 증광시에 병과로 급제하였다. 1783년(정조 7)에는 영남어사(嶺南御史)에 임명되었으며, 각 지역을 순찰하며 관리들의 비리를 보고를 통해 조선 최고의 암행어사로서 왕의 극찬을 받았다.

9. 정만석(鄭晩錫, 1758~1834)

정만석은 1783년 증광병과(병과)에 급제해 자여도찰방, 전적을 거쳐 사헌부 지평과 사간원 정언등 대간직에 올랐다. 그는 정조 18년(1794)11월에 양근·가평 암행어사로 활동을 하였고, 1795년 5월 호남 암행어사로 임명되었다.

10. 정약용(丁若鏞, 1762~1836)

경기도 지역의 암행어사로 활동한 적이 있다. 정약용은 조선의 실학사상을 집대성한 대표적인 학자로서 백성들의 살림살이에 도움이 되는 실용적인 학문을 목표로 삼았다. 그래서 백성들에게 불편과 부담을 주는 제도는 과감히 뜯어고쳐야 한다고 늘 주장했다. 또한 과학기술에도 관심이 높아 수원성을 설계하고 수원성을 지을 때 도르래를 이용한 거중기를 만들어 사용하기도 했다.

정약용은 귀양살이를 하는 동안 학문에 힘써 훌륭한 책을 많이 썼다. 백성들을 직접 다스리는 지방 수령들이 지켜야 할 도리를 밝힌 『목민심서』, 나라를 다스리는 제도에 관하여 자세히 밝혀놓은 『경세유표』, 죄인을 다스리는 형벌에 관한 내용을 다룬 『흠흠신서』 등도 이때 지은 책들이다. 정조 때 문신으로 참다운 목민관의 조건을 정리했고 목민심서를 썼다. 이 때 그가 지은 한시 『적성촌에서』는 가렴주구로 인한 백성들의 참상을 보여주는 작품이다.

11. 김정희(金正喜, 1786~1856)

우리나라의 최고의 명필로 유명한 추사 김정희도 1819년 과거에 급제하여 충청도 암행어사를 지냈으며, 대사성을 거쳐 이조참판에 이르렀다. 어려서부터 학문에 남다른 재주를 보였다. 1840년 당파싸움에 휘말려 제주도로 귀양을 가서 9년을 보냈고, 돌아온 지 3년 뒤에 다시 함경도 북청으로 귀양 가서 이듬해에 풀려났다. 제주도에서 귀양살이하는 동안에 그 유명한 '세한도'를 그렸다. 김정희는 실학자답게 근거 없는 지식이나 선입견을 가지고 학문을 해서는 안 된다고 주장했으며, 붓글씨에 독특한 개성을 살려 '추사체'를 만들었다. 책으로는 『완당집』이 유명하며 2011년 11월에 그가 친필로 쓴 암행어사 보고서가 발견되었다.

12. 박규수(朴珪壽, 1807~1876)

박규수는 북학파 거두인 연암 박지원(박지원)의 손자로 그자신도 당대에 유수한 문인 학자의 한 사람이었다. 헌종 14년(1848)에 증광시 병과에 급제해 사간원 정원으로 처음 벼슬에 나갔다. 철종 5년(1854) 1월4일에 경상좌도 암행어사에 임명되어 활동했다. 박규수는 고종이 즉위한 후 도승지, 대사헌, 홍문관 제학 이조참판, 한성부 판윤을 거쳐 공조판서, 평안도 관찰사, 형조판서와 우의정에 이른 후 사직하고 판중추부가 되었다.

13. 이건창(李建昌, 1852~1898)

1866년(고종 3) 15세의 어린 나이로 별시문과(別試文科)에 병과로 급제했으나 너무 일찍 등과했기 때문에 19세에 이르러서야 홍문관직에 나아갔다. 충청우도암행어사가 되어 충청감사 조병식(趙秉式)의 비행을 낱낱이 들추어내다가 도리어 모함을 받아 벽동(碧潼)으로 유배되었고, 1년이 지나서 풀려났다. 공사(公事)에 성의를 다하다가 도리어 당국자의 미움을 사 귀양까지 간 뒤에는 벼슬에 뜻을 두려하지 않았다. 출생지는 개성이나 선대부터 강화에 살았다. 임금이 친서로 "내가 그대를 아니 전과 같이 잘 하라"는 간곡한 부름에 못 이겨, 1880년 경기도암행어사로 나갔다. 이 때 관리들의 비행을 파헤치고 흉년을 당한 농민들을 일일이 찾아다니면서 식량문제 등 구휼에 힘썼다. 한편, 세금을 감면해 주어 백성들로부터 인심을 얻어 이건창의 선정비(善政碑)가 각처에 세워졌다.

8장

암행어사 박문수 관련 단체

암행어사박문수문화관

　암행어사의 설립목적은 인물 박문수 종합 연구, 암행어사 및 어사제도 연구, 암행어사박문수 다방적 인사 네트워크 구축, 커뮤니케이션 가동, 암행어사 박문수 야담 및 설화 문화 전승 가교 역할, 암행어사 박문수과 연계한 청렴 및 위민정치 정신 계승, 평택 역사 인물 찾기를 통한 평택지역 정체성 확립이다.

　추진방향은 암행어사 박문수 제대로 알기 및 정보 공유, 암행어사 박문수를 활용한 문화사업 전개, 암행어사 박문수 관광자원화를 통한 관광객 유치, 청렴 및 윤리경영 학교 아카데미 운영, 암행어사 박문수를 통한 진위 복고운동, 진위면을 비롯한 평택북부 지역 경제 활성화 암행어사 박문수 테마파크 및 청렴&경영윤리교육관 설립 등이다.

〈第一期 암행어사 박문수 위민실천 리더십 아카데미〉

• 개설취지

　기은 박문수의 탄신 330주년 기념(10월 13일/음 09.08.) 일환으로 청렴과 위민 및 현장의 소통 정신은 시공을 초월한다는 제목으로 박문수의 청렴과 위민 정신 및 현장 실천 소통 리더십 함양, 암행어사 박문수관련 인적 네트워크 구축, 암행어사 박문수의 고향 평택의 역사문화 바로 알기 등 이다.

• 아카데미 개요

－ 대 상: 일반 성인 및 대학생

－ 기 간: 2021.6.26.(토)～7.24.(토)14:00～16:50, (5주차) 세과목 50분 강의

－ 장 소: 암행어사박문수문화관 강의실

－ 신 청: pd0011@hanmail.net(성명, 소속, 휴대폰)

－ 수강료: 무료

－ 선 정: 20～30여 명(단, 평택시민 우선) 접수 후 개별통보

－ 주 관: 암행어사박문수문화관

－ 후 원: 평택관광포럼, 사)21세기안보전략연구원, DMZ문화원

－ 문 의: 암행어사박문수문화관 ☎ 031) 668- 9578/010-9044-1118

- 강의 시간 (토요일/14:00~16:50)

구 분	1교시 (14:00~14:50)	2교시 (15:00~15:50)	3교시 (16:00~16:50)
1주차 (6/26)	개강식 (박문수문화관)	박문수는 누구인가? (최영찬 소설가)	중국두보와 박문수 위민사상 (차동영 교수)
2주차 (7/3)	평택 문화유적과 유산 (손창완 시인)	평택의 지정학적 위치와 전략적 가치 (강석승 원장)	비무장지대(DMZ) 와 주한미군 및 UN사령부 (장승재 관장)
3주차 (7/10)	조선개국 기획자 삼봉 정도전의 리더십 (정재균 회장)	원균장군과 그 형제 13 공신의 임진왜란 충성심(김해규 소장)	수원 화성을 통한 평택 진위 문화사업 발전방향(김충영 박사)
4주차 (7/17)	中國 唐詩(당시)(1) (차동영 교수)	中國 唐詩(당시)(2) (차동영 교수)	암행의 전통, 어사와 황칠(구영국 박사)
5주차 (7/24)	평택의 문화관광 현실 (이광섭 고문)	관광 상품개발과 마케팅(김도영 교수)	왜, 박문수 인가? /수료식(장승재 관장)
비고	※ 현장 탐방 및 답사는 추후 협의하에 진행합니다.		

※ 강의 과목은 재조정될 수 있습니다.

• 강사 소개

	강의 제목	강사	소 속	경 력

1	- 왜 박문수 인가?
	- 비무장지대(DMZ)와
	  UN군사령부 및
	  주한미군
		장승재	암행어사
			박문수문화관장
				- 신한대학교 겸임교수
				- DMZ문화원장/
				  통일교육위원
				- 평택관광포럼 공동대표

2	- 杜甫와 박문수의 위민사상 - 중국唐詩와 중국문화	차동영	공주대학교 평생교육원 강사	- 금강대학교 박사과정 수료 - 관광공사 중국 성도지사장 - 한국관광공사 금강산지사장
3	암행의 전통, 어사와 황칠	구영국	UN 유네스코 황칠기능보유자	- 미술학 박사 - 미국대학교 명예교수 - 황칠 전시회 100회
4	수원 화성을 통한 평택 및 진위 문화사업 발전 방향	김충영	도시계획학 박사	- 사)화성연구회 이사장 - 수원시 팔달구청장 - 수원시 청소년재단 이사장
5	평택의 지정학적 위치와 전략적 가치	강석승	사)21세기안보 전략연구원장	- 경기대/인천대학교 교수 - 민주평통 운영위원회 간사 - 월간)군사저널 편집위원장
6	평택의 문화관광 현실	이광섭	향토사학자	- 전)초등학교장 40여년 봉직 - 전)평택문화관광해설사회장 - 평택관광포럼 고문

7	평택 문화유적과 유산	손창완	시인	– 송사모 공동대표 – 향토연구가 – 평택관광포럼 위원
8	암행어사 박문수는 누구인가?	최영찬	소설가	– 국제투명성기구 정책위원 – 삼두매/박문수 야다시 저자 – 평택관광포럼 위원
9	관광 상품개발 및 마케팅	김도영	한양사이버대 교수	– 관광학박사 – 평택관광포럼 상임대표 – 한양여대 관광학부장
10	원균 장군과 그 형제 13 공신의 임진왜란 충성심	김해규	평택 인문연구소장	– 한신대한국사학과 박사과정수료 – 평택문화재단 이사 – 전)한광중학교 교사
11	조선개국 기획자, 삼봉 정도전의 리더십	정재균	사)한국서당 문화협회장	– 목민심서 번역 – 안성향토사 연구위원 – 삼봉기념사업회 홍보위원장

암행어사박문수포럼

암행어사박문수포럼의 설립목적은 인물 박문수 종합 연구, 암행어사 및 어사제도 연구, 암행어사박문수 다방적 인사 네트워크 구축, 커뮤니케이션 가동, 암행어사 박문수 야담 및 설화 문화 전승 가교 역할, 암행어사 박문수과 연계한 청렴 및 위민정치 정신 계승, 평택 역사 인물 찾기를 통한 평택지역 정체성 확립이다.

추진방향은 암행어사 박문수 제대로 알기 및 정보 공유, 암행어사 박문수를 활용한 문화사업 전개, 암행어사 박문수 관광자원화를 통한 관광객 유치, 청렴 및 윤리경영 학교 아카데미 운영, 암행어사 박문수를 통한 진위 복고운동, 진위면을 비롯한 평택북부 지역 경제 활성화 암행어사 박문수 테마파크 및 청렴&경영윤리교육관 설립 등이다.

〈靈城君 박문수 탄신 330주년 학술 세미나〉 2021

- **주제**

  암행어사 박문수 정신은 시대적 요청이다

- **기획의도**

  – 탄신 330주년 박문수 선생에 대한 전반적인 토론의 장 최초 마련

  – 암행어사 박문수가 평택출신임의 확실한 자리매김 및 자긍심 갖기 일환

  – 암행어사 박문수 역사인물 문화유산을 활용한 관광자원화 및 상품 개발

  – 평택시가 암행어사 박문수를 통한 청렴과 위민의 도시로 재탄생

- **추진배경**

  – 암행어사 박문수의 정신(얼) 리더십 함양과 朴文秀學의 초기 체계 정립

  – 평택출신 역사인물 박문수 연구와 함께 기념사업 추진 분위기 조성

  – 암행어사 박문수의 인간성과 위민 실천 사상 제대로 알기 일환

  – 암행어사 박문수를 통해 역사문화도시로 시민들의 자긍심 고취

- **세미나 개요**

  – 행사명: 영성군 박문수 선생 탄신 330주년 세미나

  – 암행어사 박문수 정신은 시대적 요청이다

  – 키워드: 忠誠, 淸廉, 疏通, 爲民, 實踐, 리더십은 현장이다

- 일 시: 2021년 10월 8일 (금), 13:30～17:30
- 장 소: 암행어사박문수문화관
- 참가자: 약 100여 명(암행어사 박문수 관련 인사)
- 주 최: 암행어사박문수문화관
- 주 관: 암행어사박문수포럼, 평택관광포럼
- 후 원: 평택시, 평택시의회, 평택문화원, 사)21세기안보전략연구원, DMZ문
  화원, 경기데일리, 장수촌, 진다인

• 일정표

구 분	시 간	행사내용
접 수	13:30～14:00	참가 접수
개회식	14:00～14:40	- 개회선언: 사회자 - 국민의례: 사회자 - 내빈소개: 사회자 - 감사패: 구영국 유네스코 황칠기능보유자 　미술학박사 - 인사말: 장승재 암행어사박문수문화관장 - 축사: 초대인사 - 기념촬영: 참가자 전체
휴 식	14:40～15:00	Coffee Break

주제 발표	15:00~15:40	주제: 암행어사 박문수 선생은 무엇을 남겼는가? 장승재(암행어사박문수문화관장/신한대 겸임교수)
종합 토론	15:40~17:50 (120분)	**• 좌 장** – 김도영(한양사이버대교수/평택관광포럼 　상임대표) **• 토론자**(가나다순) – 김근종(건양대학교 경영사회복지대학원 교수) – 김충영(수원일보 논설위원, 도시계획학박사) – 박성복(평택문화원 평택학연구소장) – 손창완(시인, 송사모 공동대표) – 윤시관(문화지키기시민연대 상임대표) – 이광섭(향토연구가, 前평택문화관광해설사회장) – 이택곤(나사렛대 SPL 최고경영자과정 책임교수) – 차동영(DMZ문화원 부원장, 철학박사)
폐회	17:50	세미나 마무리

※ 상기 일정은 상황에 따라 변경될 수 있습니다.

〈2022 암행어사 박문수 선생 학술 세미나〉

- **기획의도**

    - 암행어사 박문수가 평택출신임의 확실한 자리매김 및 자긍심 갖기 일환
    - 암행어사 박문수 역사인물 문화유산을 활용한 관광자원화 및 상품 개발
    - 평택시가 암행어사 박문수를 통한 청렴과 위민의 도시로 재탄생

- **추진배경**

    - 암행어사 박문수의 정신(얼) 리더십 함양과 朴文秀學 의 초기 체계 정립
    - 평택출신 역사인물 박문수 연구와 함께 기념사업 추진 분위기 조성
    - 암행어사 박문수의 인간성과 위민 실천 사상 제대로 알기 일환
    - 암행어사 박문수를 통해 역사문화도시로 시민들의 자긍심 고취

- **세미나 개요**

    - 행사명: 2022 암행어사 박문수 선생 학술 세미나
            (박문수 선생은 평택의 위대한 문화유산이다)
    - 일 시: 2022년 04월 01일 (금), 14:00~17:30
    - 장 소: (평택) 암행어사박문수문화관 강의장
    - 주 최: 평택시
    - 주 관: 암행어사박문수문화관, 평택문화원

• 일정표

구 분	시 간	행사내용
접 수	13:30~14:00	참가 접수
개회식	14:00~14:30	- 개회선언/국민의례/내빈소개/사회자/인사말/축사 - 기념촬영: 참가자 전체
휴 식	14:30~14:50	Coffee Break
주제 발표	14:50~15:50	• 1주제 - 암행어사 박문수의 리더십-그는 탁월한 '옴부즈맨'이었다! - 백승종(前서강대 사학과 교수) • 2주제 역사인물 암행어사 박문수 선생 문화관광 자원화 - 평택출신 박문수 선생을 연계한 현장탐방 프로그램 - 장승재(암행어사박문수문화관장, 대진대 특임교수)
종합 토론	15:40~17:50 (120분)	• 좌 장 - 강석승(社, 21세기안보전략연구원장/행정학박사) • 토론자(가나다순) - 김기수(평택시민신문 발행인) - 김도영 (한양사이버대교수, 평택관광포럼상임대표, 관광학박사) - 박근영(한국관광문화발전연구소장, 관광학박사) - 박성복(평택문화원평택학연구소장, 평택시사신문 사장) - 조종건(시민사회재단 공동대표, 평택시협업센터장) - 최홍성(흥사단 평택/안성지회장, 복지학박사)
폐 회	17:30~19:00	저녁식사

※ 상기 일정은 현지 사정에 의해 변경될 수 있습니다.

왜, 암행어사 박문수인가?

2021년 10월 13일(음력 9월 8일)은 다양한 이력의 소유자이지만 일반대중들에 겐 특히 암행어사로 대명사로 알려진 박문수 선생이 태어난 지 330주년 이었다.

박문수 선생은 킹메이커를 한 적은 없지만 오직 백성의 말을 듣고 아픔을 공유하는 지도자이며 배려하고 소통하는 사회가 필요로 하는 청렴과 위민의 정치인이며 재상이었다. 따라서 진정한 지도자였다.

조선시대의 암행어사는 조광조, 이황, 체제공, 김정희 그리고 정약용 등 600여명 암행어사 출신이다. 그러함에도 그럼에도 그는 마치 '암행어사의 대명사'격으로 떠올라 있다.

즉, 박문수하면 암행어사, 암행어사하면 박문수로 인지하고 있다.

이 쟁쟁한 암행어사들을 제치고 박문수가 제일 유명한 이유와 매력은 무엇일까?

구전설화 1만 5천여 편 모아놓은 '한국구비문학대계' 인물 설화 중에서 박문수 선생이 가장 많은 210여 편 차지한다.

박문수와 관련된 많은 설화는 특정인 '박문수'만의 이야기가 아니라 도처에서 백성을 위해 암약하였던 수많은 '박문수들', 즉 정의의 심판자이자 희망의 전도사로 살아갔던 조선조 600여 명 암행어사들의 공적을 기리는 민초들의 고귀한 선물인 셈이다.

그의 이야기는 무수한 설화집과 야담집들에 수록되어 있다. 이 중 하나를 통하여 우리는 그가 왜 신화적인 매력을 지닌 인물로 부각되었는지를 알아볼 수가 있다.

백성들이 원하고 기다렸던 암행어사로, 원칙과 소신·강한 개혁의 의지로 백성들을 구하고자 했던 '행정의 달인'으로, 임금을 바른길로 인도할 줄 알았던 강직한 신하로, 시대를 뛰어넘어 오늘날에도 민중들의 희망으로 기억되고 있는 박문수!

박문수 정신 키워드는 5가지로 위민(爲民), 충성(忠誠), 청렴(淸廉), 실천(實踐), 소통(疏通)으로 요약해 볼 수 있다. 즉 충성(忠誠) 국가와 주군(영조)에 대한 충정 어린 충성심, 청렴(淸廉) 조부, 백부, 부친이 3년 안에 돌아가신 이후 어머니의 정신교육, 소통(疏通) 백성의 말을 듣고 아픔을 공유하는 지도자, 실천(實踐) 현장에서 업무처리, 위민(爲民) 오직 백성만 사랑(愛民) 승화되었다고 본다.

우리는 크고 작은 조직의 리더를 평할 때 일반적으로 용감해서 용장(勇將), 인덕을 갖춘 유형 덕장(德將), 머리 좋아 지혜로운 장수유형 지장(智將) 더 나아가 현명한 장수유형 현장(賢將), 운이 있는 장수유형 운장(運將), 신이 도와준다고 신장(神將)이라고 재미있게 표현한다.

그럼 박문수의 리더십은 어떨까? 필자는 감히 용장(勇將), 덕장(德將), 지장(智將), 현장(賢將), 운장(運將), 신장(神將)등 7가지의 리더십을 다 융·복합적으로 다 포함된 전국 각지 現場에서 암행어사 활동과 백성만을 위해 어려운 여건 하에서도 현실을 중요시하면서 기꺼이 이 한몸 바친 현장(現將)이라고 감히 주장하고자 한다.

정치 관료로 보여준 치적에 비해 사후 박문수에 대한 평가가 이루어지지 않고 역사 인물 박문수에 대한 본격적인 연구 시도되지 않은 상태이다.

또한 '암행어사 박문수 설화'가 전승되었다는 이유로 암행어사와 연관된 설화적 이미지만 부각되어온 상황이다.

향후, 필자는 박문수 선생이 지닌 역사적 위상에 맞게 암행어사 박문수에 대한 과제로 정치 관료로서 박문수에 대한 본격적 재조명, 연구집 간행, 암행어사 아카데미 운영, 박문수 재조명 세미나 개최, 생가터 확인 및 복원, 동상건립 등 추진, 암행어사박문수테마파크 조성과 함께 박문수의 청렴과 위민정신의 계승 및 홍보도 추진할 계획이다.

암행어사 박문수의 충정어린 위민정신과 충성심, 그리고 '민심을 알아야 천심이 보인다'는 것은 시공을 초월한다고 생각한다.

박문수와 끊으려야 끊을 수가 없는 평생 동지인 영조는 박문수(朴文秀)가 어느 누구보다 백성을 사랑한 시대를 앞선 큰 인물이기에 "백성들로 하여금 나라가 있음을 알게 한 자"라고 평했다. 대한민국의 요즘 같은 세태에 진정으로 필요한 지도자가 아니겠는가?

그래서 암행어사 박문수 선생은 위대한 한국인이다.

참고 문헌

• 단행본

- 고령박씨진사공파 지관제종중(박용무), 『朴文秀, 略傳』, 새한기획출판부, 2009.

- 고석규 외 5인, 『암행어사란 무엇인가』, 박이정, 1999.

- 권기환, 『진짜 암행어사』, 보고사, 2021.

- 김백철, 『박문수, 18세기 탕평관료의 이상과 현실』, 한국학중앙연구원출판부, 2014.

- 김명옥, 『박문수, 구전과 기록 사이』, 채륜, 2018.

- 문화재관리국, 『기은박문수도서목록: 종가서장서목』, 문화재관리국, 1979.

- 박래겸 지음, 조남권 옮김, 『서수일기』, 푸른역사, 2013.

- 사람으로 읽는 한국사 기획위원회, 『언더그라운드 슈퍼스타』, 동녘, 2011.

- 신연우/신영란, 『제왕들의 책사』, 생각하는 백성, 2008.

- 월간축산, 『전남 장성 황룡우시장』, 농민신문사, 2017년 2월호.

- 정규진, 『한국정보조직』, 한울, 2013.

- 천안박물관, 『朴文秀, 天安에 잠들다』, 대한정보인쇄, 2012.

- 한국민족문화대백과사전

• 논문

- 김성희, 『기은 박문수의 위민활동과 그 의의』, 『사학연구 96집』, 한국사학회, 2009.

- 김성희, "박문수, 백성을 향한 헌신", 『박문수 천안에 잠들다』, 천안박물관, 2012.

- 심재우, 『역사 속의 박문수와 암행어사로의 형상화』, 『역사와실학41집』, 역사실학회, 2010.

- 이승수, 『박문수 전승의 역사적 기반탐색』, 『한국문화 42』, 서울대학교 규장각한국
  학 연구원, 2008.

• 신문 기고문

- 김갑수, 암행어사란 무엇인가?, 영암우리신문, 2017.6.9.

- 정명현, 윤종일 교수의 남양주 역사기행(28), 「능내에서의 암행어사 박문수 고택지
  (古宅 址)발견」, 남양주타임즈, 2007.03.31.

- 부영주, 「쩐의 전쟁」, 뉴제주일보, 2020.11.15.

- 장승재, 평택의 대표적인 브랜드는 과연 무엇인가?, 평택시민신문, 2005.09.14.

- 장승재, 역사안물 관광자원화와 어사 박문수, 평택시사신문, 2020.04.29.

- 장승재, 어사 박문수의 관광자원화, 평택시사신문, 2020.05.13.

- 장승재, '암행어사 박문수 테마파크'를 제안한다, 평택시사신문, 2020.05.20.

- 장승재, 관광자원이 풍부한 '진위면' 평택신문, 2020.06.22.

- 장승재, 암행어사 박문수의 청렴과 위민정신을 새겨야, 경기데일리, 2021.03.15.

- 장승재, 경기도 역사인물 암행어사 박문수의 관광 상품화, 경기일보, 2021.04.10.

- 장승재, 평택의 옛 중심지, 진위면 상품개발, 평택문화신문, 2021.06.13.

• 신문 기사

- 경기일보, 실학, 조선의 재건을 꿈꾸다-민생문제 해결에 진력한 박문수, 이근호,
  2017.05.15.

- 경기일보, 안노연 기자, 2022.01.11.

- 노컷뉴스, 고궁 전각에 얽힌 재미있는 뒷얘기, 문영기, 2013.09.

- 문화일보, [문화] 인터넷 유머, 2014.05.27.

- 오마이뉴스, 김당 기자, 2005.02.13.

- 오마이뉴스, 정연화 기자, 2014.01.31.

- 오마이뉴스, 이용준 기자, 2014.01.03.

- 오마이뉴스, 강기희 기자, 2007.03.29.

- 부산시보(다이내믹 부산), 김정희 기자, 2012.07.17.

- THE PEOPLE 스페셜인터뷰, 정규진 기자, 202109.30.

- 한겨레신문, 김경애/박경만 기자, 2021.06.08.

- 평택시사신문, 2011.8.12.

- 주간조선 2230호, 승정원일기 완역에 83.3년, 이장현 기자, 2012.11.05.

• 인터넷

- Daum 블로그, 암행어사 박문수 묘(墓)와 한시, 2013.1.28, http://blog.daum.net/
  haneuljae/7859811

- Daum 카페, 2018.04.21, 신래를 대하는 박태한, 최창대의 차이, https://
  cafe.daum.net/Europa/3L0P/7125?q=%EA%B3%A4%EB%A5%9C%20
  %EC%B5%9C%EC%B0%BD%EB%8C%80

- Daum 블로그, 2008.03.21, 암행어사 이야기- 박문수 설화를 찾아서, https://blog.
  daum.net/gijuzzang/2954187

- NAVER 블로그, 2011.02.25. 김삿갓의 주유천하(酒有天下), https://m.blog.naver.

com/PostView.naver?isHttpsRedirect=true&blogId=vivaksg7&logNo=10103913274

- 나무위키, 2005.02.14, 박문수, https://namu.wiki/w/%EB%B0%95%EB%AC%B8%EC%88%98

- 한국민족문화대백과사전: 가계부(家計簿)

• 도서자료

- 국회도서관 자료 검색 활용

- 국립중앙도서관 자료 검색 활용